LE JUBILÉ ÉPISCOPAL

DE SON ÉMINENCE

LE CARDINAL FOULON

LYON. — IMPRIMERIE EMMANUEL VITTE, RUE CONDÉ, 30.

LE JUBILÉ ÉPISCOPAL

DE SON ÉMINENCE

LE CARDINAL FOULON

Archevêque de Lyon et de Vienne

Primat des Gaules

1867-1892

FÊTES ET SOUVENIRS

LYON

IMPRIMERIE ET LIBRAIRIE EMMANUEL VITTE

3o, rue Condé, et place Bellecour, 3 et 5

1892

LE JUBILÉ ÉPISCOPAL

DE SON ÉMINENCE

LE CARDINAL FOULON

Le jubilé d'un évêque est une date pour un diocèse : celui de l'éminent cardinal Foulon aura été un événement pour Lyon.

Le vénéré Prélat disait avec une modestie qui l'honore, que la longue période de son Episcopat ne méritait pas de recevoir chez nous les honneurs jubilaires, puisqu'il n'est à la tête de ce diocèse que depuis cinq années seulement. D'ailleurs, ajoutait-il, les épreuves douloureuses que traverse l'Eglise et les tristesses de l'Episcopat semblent inviter à s'abstenir des apprêts et de la pompe d'une fête.

Le diocèse de Lyon n'en a pas jugé ainsi. Il a semblé à la piété filiale du clergé, qu'il convenait de fêter son premier Pasteur comme s'il avait accompli parmi nous le quart de siècle entier de son épiscopat, et cette résolution, elle a su l'accomplir en y mêlant des témoignages d'affectueuse vénération qui rendront impérissable le souvenir des noces d'argent du cardinal Foulon, archevêque de Lyon et de Vienne, Primat des Gaules.

Témoin des manifestations qui se sont produites à l'occasion du 25e anniversaire de la consécration épiscopale de l'éminent cardinal Foulon, nous n'aurons qu'à les décrire avec fidélité, pour rappeler à ceux qui y ont assisté, les émotions qu'ils en ont rapportées et transmettre à ceux qui viendront après eux, le récit d'un événement qui honore et consacre les sentiments que le diocèse de Lyon se fait gloire de professer pour son éminent archevêque.

Messieurs les vicaires généraux, qui sont toujours à la tête des initiatives et des inspirations généreuses, avaient préparé la fête et ont tenu à être les premiers dans l'élan magnifique de joie, de reconnaissance et de respect qui a signalé les journées des 30 et 31 mai 1892. Ils avaient adressé, il y a quelques mois, la lettre suivante à MM. les curés et supérieurs des séminaires et maisons d'éducation diocésaines, et à MM. les aumôniers des collèges et communautés religieuses :

Lyon, le 19 février 1892.

MONSIEUR ET CHER CONFRÈRE,

Vous n'ignorez pas que dans le courant du mois de Mai nous aurons la joie de célébrer le 25e anniversaire de la consécration épiscopale de notre vénéré Cardinal. Nous vous indiquerons ultérieurement le jour fixé pour cette fête de famille.

Mais pour répondre dès maintenant au désir exprimé par un grand nombre de prêtres d'être admis, à cette occasion, à témoigner à Monseigneur leurs sentiments de profonde et affectueuse vénération, nous nous empressons de vous informer qu'une commission composée de plusieurs membres du clergé et des représentants des principales œuvres diocésaines, s'est formée en vue de l'acquisition d'une crosse et d'une croix processionnelle à offrir à Son Eminence.

Vous aimerez, sans nul doute, à vous associer à cet hommage filial du clergé.

Messieurs les Archiprêtres, pour le clergé de leur canton, voudront bien, ainsi que Messieurs les Supérieurs des maisons d'éducation, faciliter à leurs confrères la transmission de leurs offrandes assez promptement pour que la commission puisse en temps utile s'acquitter de son mandat.

M. Ollagnier, doyen du chapitre, recevra les listes d'adhésions, ainsi que les offrandes.

Veuillez agréer l'hommage de notre respectueux dévouement.

Les Vicaires généraux,

BELMONT, DÉCHELETTE, JEANNEROT,

Membres de la Commission :

MM. BELMONT, Vicaire Général, Archidiacre de St-Jean ;
DÉCHELETTE, Vicaire Général, Archidiacre de St-Etienne ;
JEANNEROT, Vicaire Général, Archidiacre de N.-D. ;
OLLAGNIER, Doyen du Chapitre ;
LEBAS, Vicaire Général, Supr du Grand Séminaire ;
FOREST, Vicaire Général, Supr des Missionnaires du diocèse ;
COUDOUR, Chanoine hon., Curé de N.-D. St-Vincent ;
ROUTIER, Chanoine hon., Curé de St-Nizier ;
RÉAL, Chanoine hon., Curé de Ste-Marie, à St-Etienne ; pro-vicaire de Son Eminence ;
PEURIÈRE, Chanoine hon., Curé de Notre-Dame, à Montbrison ;
FRANÇON, Chanoine hon., Curé de St-Etienne, à Roanne ;
DUBOST, Chanoine hon., Curé de Notre-Dame, à Villefranche.

Représentants des Œuvres :

Mgr Carra,
MM. Blanchon,
Brac de la Perrière,
Brunet-Lecomte,
Debanne,
Des Garets,
Ch. Jacquier,
de Prandière.

Messieurs les Curés voudront bien communiquer cette lettre à MM. leurs Vicaires et aux prêtres de leurs paroisses.

La circulaire ne semblait destinée qu'au clergé diocésain. Quelques communautés, unies aux prêtres lyonnais dans leurs œuvres de zèle pour l'Eglise et dans leur vénération pour Son Eminence, ne voulurent pas être séparées dans la manifestation qui allait se produire. MM. les vicaires généraux comprirent la délicatesse de ce sentiment et acceptèrent ce concours spontané, comme le témoigne cette lettre du 17 mars 1892 :

Lyon, le 17 mars 1892.

M

Plusieurs communautés, instruites du projet formé d'offrir à Son Eminence une crosse et une croix processionnelle à l'occasion du 25e anniversaire de sa consécration épiscopale, nous ont demandé s'il leur serait permis de s'associer à cet hommage.

Nous avons l'honneur de vous informer que cette offrande, devant être faite au nom du diocèse de Lyon, admet le concours de tous les instituts religieux, qui en sont une partie si importante, et dont la direction est un des premiers soins de la charge pastorale.

Monsieur OLLAGNIER, doyen du Chapitre, recevra les adhésions et souscriptions au secrétariat de l'Archevêché.

Veuillez agréer nos salutations empressées.

Les vicaires généraux

BELMONT, DÉCHELETTE, JEANNEROT.

La date et l'ordre de la fête restaient à fixer. Ce fut l'objet d'une troisième circulaire.

Lyon, le 14 avril 1892.

MESSIEURS ET CHERS CONFRÈRES,

Il nous est aujourd'hui possible de vous faire connaître la date à laquelle sera célébré le vingt-cinquième anniversaire de la consécration épiscopale de notre vénéré Cardinal, et de vous inviter à y prendre part. Nous nous empressons de répondre ainsi à votre légitime impatience. Le jour choisi est le mardi 31 mai, dernier jour du mois de Marie, dont cette fête sera le couronnement; c'est vous dire quelle place Son Eminence veut donner à la prière dans cette célébration, et quelle sera sa consolation d'être entouré des supplications des prêtres et des fidèles de son diocèse, non seulement dans cette journée solennelle, mais dans tout le mois béni qui lui servira de préparation. Vous ferez connaître aux fidèles ces sentiments de leur premier Pasteur et vous leur demanderez pour lui le secours de leurs prières, surtout de celles qu'ils offriront à la très sainte Vierge, à Fourvière.

Veuillez, ici, nous permettre l'expression d'un vœu qui est certainement dans le cœur de notre premier Pasteur, c'est qu'à l'occasion de la vingt-cinquième année de son Episcopat, l'œuvre de Fourvière, qui est l'objet de sa constante sollicitude, ne soit pas oubliée. Ce serait, pour notre vénéré Cardinal, une grande joie d'être en mesure de pouvoir déposer, le 31 mai, aux pieds de la sainte Vierge, protectrice de Lyon et du diocèse, les offrandes que vous auriez recueillies dans vos paroisses pour cet objet. Nous ne doutons pas que les fidèles de ce diocèse, si dévoués à la sainte Vierge, si attachés de cœur à l'œuvre de Fourvière, et si jaloux de la gloire de son nouveau et magnifique sanctuaire, ne veuillent, par leurs pieuses libéralités, donner à notre vénéré Archevêque le moyen de hâter le jour si impatiemment attendu de la consécration du merveilleux monument que la piété lyonnaise élève à Marie, et qui sera un des plus beaux que la piété ait consacrés à la gloire de la sainte Vierge, dans tout le monde chrétien.

Le lundi 30 mai, Son Eminence recevra, à 3 heures, MM. les curés de Lyon et les membres du clergé; à 4 heures, les délégations des communautés religieuses d'hommes ; à 4 heures et demie, celles des communautés de femmes; enfin, à 5 heures, les représentants des diverses Œuvres.

Le mardi 31, à 8 heures, Son Eminence célébrera la sainte messe à la Primatiale; les fidèles seront admis à communier de sa main. Après l'Evangile, une allocution sera prononcée par Mgr Gonindard, archevêque de Sébaste, coadjuteur de S. Em. l'archevêque de Rennes.

Le même jour, à 4 heures du soir, un salut solennel sera célébré à la Primatiale. Son Eminence donnera la bénédiction du Saint Sacrement.

Veuillez agréer l'hommage de notre respectueux dévouement.

Les Vicaires généraux,

BELMONT, DÉCHELETTE, JEANNEROT.

ORDRE DE LA FÊTE

Journée du Lundi 30 Mai 1892.

Le lundi 30 mai 1892 a été consacré presque tout entier à des réceptions solennelles dans le palais épiscopal.

La commission jubilaire fut admise avant les autres députations. Ayant été la première à la peine, il convenait qu'elle ne fût pas la dernière à l'honneur.

Reçue par Son Eminence, entourée de ses vicaires généraux, Mgrs Belmont, Déchelette et Jeannerot, portant les insignes de leur haute prélature romaine, elle offrit la croix processionnelle et la crosse pastorale, hommage filial du clergé et des communautés du diocèse de Lyon.

Exposés sur une table d'honneur, dans de riches écrins en bois de noyer, à fond de velours bleu, ces insignes excitent l'admiration de tous. MM. Armand Calliat et fils ont fait de cette œuvre remarquable un véritable chef-d'œuvre. Ils se sont réellement surpassés, ce qui ne paraissait pas possible à ceux qui sont familiarisés depuis longtemps avec les admirables travaux de nos éminents artistes lyonnais.

M. Belmont, vicaire général, en présentant à Son Eminence la croix et la crosse, interprète avec délicatesse les sentiments des commissaires.

Paroles de M. l'abbé Belmont

EMINENCE,

La Commission dont la tâche était de préparer pour votre jubilé épiscopal un symbole commémoratif de cette date solennelle, a l'honneur de vous présenter, au nom de votre clergé, des communautés religieuses et des grandes œuvres de votre diocèse, la crosse et la croix, insignes de la dignité dont l'anniversaire est la cause de cette fête. C'est dans les vues d'une miséricordieuse Providence sur l'Eglise de Lyon que Dieu vous imposa, il y a vingt-cinq ans, le redoutable fardeau de l'Episcopat. Aussi, dans un sentiment de profonde reconnaissance pour Dieu et pour vous, avons-nous désiré que ces objets symboliques pussent être assez beaux pour témoigner à quel grand prix nous estimons l'autorité que Dieu vous a donnée sur nous et dont ils sont l'expression. Dans cette pensée, nous avons fait appel pour les décorer à toutes les ressources d'un art merveilleux qui, en votre honneur, a voulu se surpasser lui-même, afin de nous montrer, comme dans une vision prophétique et céleste, Jésus-Christ, source et modèle de votre autorité, accordant à votre Lyon, par l'intercession de N.-D. de Fourvière et de saint Joseph, la grâce de terrasser toujours l'ennemi de l'Eglise. Portez longtemps cette crosse, Eminence, et qu'elle soit légère à votre main ! Que longtemps cette croix vous précède ; puissent vos fils, par leur fidélité, vous permettre d'en oublier le poids ! C'est avec ce désir et cet espoir ; c'est dans ce sentiment de reconnaissance qu'ils vous disent, en vous les offrant : Sous votre houlette pastorale nous trouvons le bonheur et la sécurité : *Virga tua et baculus tuus, ipsa me consolata sunt.*

Profondément touchée et de cette offrande et de ces paroles, Son Eminence a félicité et remercié en termes gracieux et délicats les commissaires, les donateurs et les artistes. Puis, s'inspirant de l'œuvre elle-même : « Cette crosse, a-t-il dit, est la houlette du pasteur ; c'est avec elle que l'évêque conduit son troupeau « vers les eaux vives » et « les pâturages abondants », termes par lesquels la sainte Ecriture symbolise la pureté de la doctrine et la puissance de la charité. Cette croix, c'est la croix qui marche devant l'évêque en lui rappelant qu'il doit, comme le Rédempteur, souffrir afin de sauver les âmes. Puissé-je vous guider toujours avec douceur et avec sagesse, et puissent les fidèles de ce diocèse nous dire un jour, comme nous le souhaite si gracieusement notre cher vicaire général : Votre bâton pastoral a été pour nous un sujet de consolation et de joie, un guide et un soutien. *Virga tua et baculus tuus ipsa me consolata sunt !* »

Réception du Chapitre.

A onze heures, le Chapitre, les chapelains, le clergé de la paroisse Saint-Jean, le petit séminaire, se présentent, après la messe capitulaire, suivant l'antique tradition.

Les chanoines titulaires ont revêtu pour la première fois le rochet brodé qui leur a été octroyé par Son Eminence, dans le but d'honorer davantage leur dignité et de rehausser l'éclat des cérémonies.

Au nom du Chapitre, M. le chanoine Ollagnier, doyen et chancelier, a lu l'adresse suivante :

EMINENCE,

Vingt-cinq ans se sont écoulés depuis que vous avez reçu l'onction sainte qui fait les pontifes.

La célébration de cet heureux anniversaire, en même temps qu'elle ramène vos souvenirs à de pieuses émotions, est aussi une grande joie pour le diocèse de Lyon.

Le chapitre et le clergé de votre église primatiale s'estiment tout particulièrement honorés de pouvoir vous offrir, à l'occasion de cette fête jubilaire, les prémices des sentiments de filiale vénération et de profonde reconnaissance de votre grande famille sacerdotale, ainsi que de tous vos chers diocésains.

Vingt-cinq ans de ministère épiscopal représentent, en effet, une somme de labeurs, de préoccupations et de peines bien méritoires devant Dieu. Ils rappellent surtout aux prêtres et aux fidèles des bienfaits nombreux et justement appréciés.

Quoique nous n'ayons pas recueilli tout le fruit de ce quart de siècle que vous avez consacré à la haute direction des intérêts religieux et au salut des âmes, nous savons, Eminence, combien il a été fructueux pour les diocèses de Nancy et de Besançon ; nous connaissons les titres à leur gratitude qu'ont acquis votre zèle et votre dévouement.

Nous en sommes justement fiers, Monseigneur, car la gloire d'un père rejaillit toujours sur ses fils.

D'ailleurs les années écoulées depuis que vous occupez si dignement le siège de saint Pothin et de saint Irénée, ont été fécondes en résultats précieux pour toutes nos œuvres lyonnaises, non moins que pour la défense des droits de Dieu et de son Eglise.

Aussi l'illustre pontife Léon XIII, juste appréciateur de

vos vertus et de vos qualités personnelles, en vous accordant l'insigne honneur de la pourpre cardinalice, a voulu récompenser les mérites d'un épiscopat qui laissera un sillon lumineux dans les annales de l'Eglise de Lyon.

C'est pourquoi, Monseigneur, nous rendons au ciel de solennelles actions de grâces pour tout le bien que vous avez accompli au milieu de nous, et nous vous prions de daigner agréer, avec nos respectueuses félicitations, l'expression de nos vœux les plus sincères.

Nous aimons à croire que la divine Providence, dont la tendre sollicitude vous a constamment soutenu au milieu de vos incessants travaux, poursuivis avec une activité dont l'âge n'a point ralenti l'ardeur, nous permettra de jouir longtemps des bienfaits de votre administration.

Nous espérons que pendant bien des années encore nous aurons la consolation de vous voir porter d'une main vaillante la crosse pastorale qui vous a été offerte avec la croix métropolitaine, en témoignage de notre filiale soumission et comme mémorial précieux de votre jubilé épiscopal.

Se souvenant aussi, Eminence, de votre zèle à rehausser l'éclat du culte de Notre-Dame de Fourvière, vos diocésains seront heureux de déposer en vos mains vénérées une généreuse offrande destinée à concourir à l'achèvement du magnifique sanctuaire dédié à notre puissante Protectrice.

Il nous semble que nous pourrons lui demander en retour, avec plus d'assurance, de vous assister dans vos besoins, de vous fortifier dans vos peines, de vous garder toujours au milieu des dangers.

Nous solliciterons ces mêmes grâces par l'intercession des saints évêques vos prédécesseurs et des glorieuses phalanges de nos martyrs lyonnais.

Nous avons la douce confiance, Monseigneur, que, sous de tels auspices, nos instantes prières seront pleinement exaucées, et, tous unis dans un même sentiment de piété filiale, nous nous empressons de vous dire avec bonheur : *Ad multos annos !...*

Dans une réponse pleine d'humilité et de grandeur, Son Eminence se plaît à rapporter à la grâce de Dieu toute seule, non à lui-même, le mérite des œuvres accomplies dans ses divers diocèses. Afin de mieux employer les dernières années que la Providence lui ménage, il demande des prières au vénérable Chapitre de Lyon, ce Chapitre vraiment exemplaire et par sa fidélité à assister aux offices canoniaux et par son édifiante et respectueuse déférence pour le premier pasteur du diocèse. Monseigneur ajoute finement : Messieurs, autrefois il n'en a pas toujours été ainsi ; l'histoire des chanoines comtes de Lyon est là pour nous le dire ; cette histoire n'a été bien souvent que le récit des luttes d'influence entre le Chapitre et ses archevêques. Permettez-moi de vous féliciter d'avoir perdu la couronne de comtes, puisque vous avez conservé ce que l'Ecriture appelle la couronne du respect et de la justice.

Puis, la maîtrise, avec la sûreté d'exécution qui la distingue, fait entendre un chant de circonstance.

30 Mai 1892.

A Son Eminence Monseigneur Foulon,
sa Maîtrise reconnaissante.

Quand vient le soir, le laboureur promène
Un long regard sur le sillon creusé :
Avec orgueil il y voit le domaine
Que ses sueurs ont longtemps arrosé.
Mais plus tard il contemple
Ses champs couverts de blés ;
Ah ! la moisson est ample
Et ses vœux sont comblés.

Sur ta moisson tu peux, bien-aimé père,
Avec orgueil jeter aussi les yeux;
Et de la voir abondante, prospère,
Autant que toi tes enfants sont joyeux.
Vivat ! cri d'allégresse,
Vivat à toi s'adresse,
O roi, plein de tendresse,
En ce beau jubilé !
A toi douces journées
Par le ciel soient données,
Et de belles années
Encor long défilé.

Le voyageur a gravi la montagne,
Sur son visage un sourire a paru :
C'est que ses yeux dans la vaste campagne
Ont mesuré le chemin parcouru.
Là pour reprendre haleine,
Comme en songe bercé,
Il contemple la plaine,
Le fleuve traversé.

Plus fier encor, ah ! regarde en arrière !
Si tout sourit à tes yeux satisfaits,
C'est que tes mains, le long de la carrière,
A chaque pas ont semé les bienfaits.

Les paroles de Son Eminence à ses jeunes séminaristes ont été particulièrement gracieuses. Les petits sont toujours les Joseph et les Benjamin qui ont ses préférences.

« A vous, mes enfants, je ne dis pas : *ad multos annos*, mais *ad plurimos annos*.

« Vous êtes la fleur qui s'épanouit, vous êtes l'arbuste qui se développe. L'avenir s'ouvre devant vous, avec ses horizons lointains. Allez vers cet avenir, mais sans présomption et sans faiblesse. Je vous parle parce que vous êtes forts : *scribo vobis quoniam estis fortes*, comme le disait saint Jean aux adolescents d'Ephèse. Restez toujours ainsi : forts dans le bien, forts dans la vérité, forts pour Dieu et contre ceux qui essaieraient de vous détourner de lui. Ne vous égarez point dans la voie du devoir. Cheminez tout droit. Tout droit, c'est la voie de l'honneur, c'est la voie de la vertu, c'est la voie du ciel ; j'ajouterai : ça été jusqu'ici la voie de la maîtrise de Saint-Jean et celle dans laquelle continuent à vous conduire vos maîtres vénérés. »

M. le supérieur du grand séminaire, accompagné des principaux directeurs de la maison, a adressé ensuite à Son Eminence le Cardinal les paroles qui suivent :

EMINENCE,

Permettez-nous de vous offrir, au jour de vos noces d'argent, l'hommage de nos filiales et respectueuses félicitations.

Cette circonstance mémorable de votre vie épiscopale a pris, à bon droit, dans ce religieux diocèse, les proportions d'un événement : elle nous apparaît à nous, prêtres de Saint-Sulpice, qui ne vivons que pour le sacerdoce, comme une grande solennité sacerdotale qui remplit nos âmes de bonheur, et, si je l'ose dire, d'une sainte et intime fierté ; car nous savons quel souvenir vous avez gardé de vos premières consécrations.

Grande ævi humani spatium! Qu'il y a loin, Eminence, des quinze années que l'historien latin résumait dans cette éloquente parole, au glorieux jubilé que nous célébrons aujourd'hui!

Nous avons devant nous, non pas quinze années, mais presque le double, un quart de siècle, non pas d'une vie d'homme, mais, ce qui est tout autre chose, d'une vie d'évêque. Vingt-cinq années! durant lesquelles, Eminence, chaque jour, la vérité est tombée de vos lèvres, a coulé de votre plume, pour éclairer les âmes; chaque jour, la grâce divine est sortie de vos mains deux fois consacrées, pour sanctifier les âmes.

Et les milliers de fidèles, dont vous avez fait, par la puissance de votre pontificat, des soldats de Jésus-Christ dans le monde, des épouses de Jésus-Christ dans le cloître, des prêtres de Jésus-Christ dans le sanctuaire, aujourd'hui dispersés en cent lieux, mais toujours sous l'impulsion divine que vous leur aviez donnée, glorifient Dieu, consolent l'Eglise et sauvent les âmes.

La pensée se confond et l'action de grâces éclate, au seul souvenir, même rapide et incomplet, de tant de grandes choses accomplies pendant les vingt-cinq années d'un pontificat qui s'est avancé, qui a grandi dans sa majesté douce et dans une paix féconde, sur les trois illustres théâtres où la main de la Providence vous a conduit.

D'autres ont reçu, dans ce partage de votre vie, la jeunesse de votre épiscopat, mais nous n'avons pas à nous plaindre. Dieu nous réservait, à nous, votre maturité chargée des bénédictions du ciel et des honneurs de l'Eglise.

Qu'il daigne, Eminence, vous conserver longtemps à cette famille innombrable qui vous vénère et vous aime; que les années de votre pontificat à Lyon, qui déjà égalent celles de Besançon, atteignent et dépassent, nous l'espérons bien, les années de Nancy.

C'est la prière que, tous, nous adressons à Dieu, en ce jour ; c'est le vœu que je dépose humblement à vos pieds.

A ces paroles Mgr le Cardinal répondit en rendant hommage à la manière hautement sacerdotale et traditionnelle avec laquelle les messieurs de la compagnie de

Saint-Sulpice s'appliquent à former les jeunes clercs; il leur affirma sa reconnaissance pour les longs et bons services rendus au diocèse de Lyon; il leur renouvela le témoignage de sa vieille affection et de la confiance qu'ils inspirent à ceux qui, comme lui, ont eu l'avantage d'être autrefois sous leur direction.

Réception des Facultés catholiques

MM. le recteur, les doyens, les professeurs des Facultés catholiques ont été reçus après le chapitre et le séminaire. Le cortège des docteurs en théologie, docteurs ès-sciences, docteurs en droit, docteurs ès-lettres, laïques, prêtres, religieux, tous revêtus de leurs insignes, tous avec la triple auréole du savoir, de la vertu et du dévouement, offrait un remarquable spectacle. Ils se groupèrent autour de Monseigneur, en qui ils sont heureux de reconnaître un maître éminent, un protecteur éclairé, un ami fidèle et sûr. Monseigneur Carra, leur recteur dévoué, prononça le discours suivant :

Eminence,

Nous sommes heureux de joindre nos hommages et nos vœux les plus respectueux à ceux que le vénérable chapitre de votre Primatiale vient de déposer à vos pieds.

Fille de l'Eglise de Lyon, notre Université catholique partage les sentiments de sa mère pour l'auguste successeur des Pothin et des Irénée; elle s'associe à la joie et aux espérances dont un anniversaire béni remplit en ce moment tous les cœurs, et, à l'affection de fidèles diocésains, elle ajoute tout ce que la reconnaissance la plus vive et le plus filial attachement lui inspirent envers son éminent Chancelier.

Nous n'avons pas oublié, Eminence, l'accueil si bienveillant que vous aviez daigné nous faire, lorsque nous nous sommes présentés pour la première fois devant vous, ni la joie que vous nous témoigniez de vous retrouver au milieu de ces lettres au sein desquelles s'étaient écoulées les heureuses années de votre jeunesse.

Vous aviez été nourri dans ces sentiments par un maître illustre, qui fut l'un des pères de notre enseignement libre et l'un des promoteurs les plus actifs des études littéraires dans le clergé. Docile à ses sages leçons, vous avez, l'un des premiers, conquis ces grades académiques, aujourd'hui nécessaires, qui sont l'objet de nos efforts, et vous avez en quelque sorte ouvert la voie à nos étudiants.

Cet amour des lettres, je dis des *lettres chrétiennes*, car vous n'avez jamais séparé la science de la foi qui la vivifie, vous a suivi partout où la divine Providence vous a conduit, et d'abord dans cet établissement renommé d'où sont sortis tant d'hommes distingués, et qui a été comme la pépinière de l'épiscopat français; naturellement, le maître a tenu toutes les promesses de l'élève. Appelé à votre tour à gouverner les Eglises de Nancy, puis de Besançon, vous n'eûtes rien de plus à cœur que d'encourager les études et de faire fleurir les lettres et les sciences autour de vous. Sous votre inspiration, d'importants établissements d'instruction se sont ouverts, et quand vint le moment de fonder l'institut catholique de Paris, cette grande entreprise n'eut pas de plus sage conseiller ni de plus fidèle auxiliaire que le futur chancelier de notre Université catholique.

C'est ici, en effet, que vous appelait la Providence. En vous faisant asseoir sur le premier siège des Gaules, elle confiait à votre haute sollicitude l'institution que vos fidèles prédécesseurs, Mgr Ginoulhiac, qu'il ne faut pas séparer de son fidèle auxiliaire, Mgr Thibaudier, et l'éminent cardinal Caverot, avaient fondée de concert avec leurs vénérables collègues. Il vous était réservé, Eminence, de consolider cette grande œuvre, de la développer, de lui donner enfin ce couronnement tant désiré, qui doit l'affermir en la complétant.

Vous n'avez manqué, permettez-moi de le dire, Eminence, à aucune de nos espérances, ou plutôt à aucune de vos promesses, puisque vous aviez adopté, en arrivant au milieu de nous, cette belle devise de saint Paul : *In ædificationem et non in destructionem.*

Je n'essaie pas de rappeler ici tout ce que vous avez fait pour notre université; d'ailleurs, les pierres elles-mêmes parleraient, quand les bouches garderaient le silence....

Mais c'eût été trop peu pour votre zèle, Eminence, de poursuivre l'achèvement de l'édifice, si vous n'aviez pris soin en même temps d'assurer la pureté de la doctrine. N'est-ce pas le but que vous vous êtes proposé en plaçant la première chaire de notre Faculté de théologie sous les auspices de Léon XIII ? Fidèle aux glorieuses traditions de votre siège, vous nous rappeliez par là cette maxime du plus illustre de vos prédécesseurs : « Qu'il faut que toute l'Eglise reste unie à l'Eglise romaine, à cause de sa principauté suréminente » : *Propter potiorem principalitatem.* Parole décisive, qui tranche toutes les difficultés, qui met fin à tous les dissentiments entre catholiques et qui, après tant de siècles, n'a rien perdu de son autorité ni de son utilité. Si le témoignage de saint Irénée soutint le pape saint Eleuthère dans ses épreuves, le nouvel Eleuthère, nous le savons, n'a pas reçu moins de consolation ni moins de joie de cette marque éclatante d'attachement du nouvel Irénée.

Votre sollicitude pour notre Université, Eminence, s'est étendue à tout ce qui la touche. Vous avez multiplié en sa faveur les appels à votre clergé si digne de les entendre; vous nous avez recommandés à toute la sollicitude de vos vénérables frères, et vous avez porté notre cause jusqu'aux pieds de la chaire de saint Pierre, d'où vous avez fait descendre sur nous, avec d'abondantes bénédictions, les gages les plus honorables de la paternelle bonté du vicaire de Jésus-Christ. En même temps, vous nous prodiguiez vos conseils, vos encouragements, et vous aviez ces délicates attentions qu'un père seul sait trouver dans son cœur pour s'associer aux joies intimes de ses enfants...

Mais je m'arrête, dans la crainte de dépasser la mesure ; peut-être même l'aurais-je déjà fait, si la piété filiale n'avait ses heures de franchise et de liberté...

Que la divine bonté, Eminence, continue de veiller sur vos jours ! qu'elle vous conserve pendant de longues années encore à l'affection de tous vos enfants ! C'est le vœu qui s'échappe de toutes les lèvres. Et demain, au pied des saints autels, unis à votre famille spirituelle, sur laquelle nous aimons à voir briller aujourd'hui un reflet de votre pourpre, unis à vos proches, à vos amis, à votre peuple tout entier, à toutes les âmes qu'ici même, à Nancy, à Besançon, à Paris, vous avez ou éclairées de vos lumières ou sanctifiées de la grâce, nous demanderons à Dieu de retremper vos forces ; nous lui demanderons, selon les paroles de la sainte liturgie, « de réjouir et de renouveler votre jeunesse » ; et d'ajouter au cycle qui s'achève, le cycle d'or, qui n'aura d'autre terme que le cycle sans fin de la bienheureuse éternité.

Après avoir remercié et félicité sa chère Université catholique, Monseigneur termine par un conseil rappelant le mot qu'il a dit à son entrée dans le diocèse.

« Messieurs, souvenez-vous du but des Universités catholiques, c'est de former leurs disciples à la science et à la piété : la science fera de leur piété une force, et la piété de leur science une vertu. »

Réception du Clergé

La première réception de l'après-midi fut celle des prêtres du diocèse, curés, supérieurs de petits séminaires ou d'établissements libres, desservants, aumôniers, vicaires. Elle a eu lieu à trois heures dans le grand salon de l'archevêché.

Les hommages et les vœux du clergé diocésain furent offerts par M. Napolier, curé de Saint-Eucher.

Le vénérable doyen d'âge des curés de Lyon, retenu depuis longtemps dans sa chambre par la maladie, avait recouvré pour la circonstance ses forces et son énergie. Il le fit bien voir dans son discours prononcé d'une voix ferme et rempli de délicates pensées exprimées dans une langue sûre d'elle-même.

Paroles de M. l'abbé Napolier

Curé de Saint-Eucher

Eminence,

Il est des époques dans la vie qui en marquent pour ainsi dire les étapes et où l'on est tenté de regarder en arrière pour voir comment le temps s'est écoulé.

Votre jubilé épiscopal, Eminence, est une de ces époques et vous pouvez regarder sans crainte, et même avec fierté, les événements qui l'ont remplie.

Pendant votre épiscopat déjà long vous avez dirigé successivement trois Eglises, vous avez fait respecter le nom français, même par ses ennemis; par votre prudence et votre sagesse vous avez évité à vos diocèses les persécutions qui en ont frappé tant d'autres.

L'avenir vous offre d'autres succès : l'achèvement de la basilique de Fourvière, depuis si longtemps désiré, vous est réservé, et l'élan que vous avez imprimé aux souscriptions, nous le garantit à bref délai ; plusieurs autres œuvres commencées s'achèveront sous votre sage et zélée administration. C'est pour féliciter Votre Eminence de tant d'œuvres que Dieu bénit, c'est pour nous féliciter nous-mêmes de posséder un tel archevêque que nos voix et nos cœurs se réunissent pour lui dire : *Ad multos annos.*

Monseigneur se montra particulièrement touché de ces paroles d'un vieillard, à qui son âge interdit depuis longtemps la plupart des fonctions pastorales et qui avait voulu témoigner, le jour du jubilé de son évêque, de ses sentiments hiérarchiques, fruits de sa haute piété et des principes puisés dans une forte éducation cléricale.

Ce fut l'occasion pour Monseigneur de faire un retour sur le passé, et après avoir fait l'éloge du soin que met le clergé de Lyon à conserver les vieilles traditions de respect, d'affection pour ses évêques, il remercia M. le curé de Saint-Eucher de donner, en sa personne et par ses paroles, un exemple vivant de ces habitudes ecclésiastiques, qui sont depuis longtemps chez lui une vertu.

Puis, Monseigneur confesse que les éloges de M. le curé ne sont point suffisamment justifiés ; ses années sont déjà longues, mais ses mérites sont bien petits.

A ce mot il s'élève spontanément de tous les rangs du clergé une protestation filiale devant laquelle s'incline Monseigneur en souriant, mais sans retirer son expression ; puis, il remercie ses prêtres du beau présent, la croix et la crosse, qu'ils ont eu la pensée de lui offrir.

« M. Belmont, ajoute-t-il, me disait ce matin, en me les

présentant en votre nom : « Sous votre houlette pastorale nous trouvons le bonheur et la sécurité. » Je m'emploierai, Messieurs, à justifier de plus en plus cette parole. On a dit de la houlette épiscopale : *Pungit et ungit ;* j'espère ne vous faire sentir que l'onction et jamais l'aiguillon. »

Les sourires et les applaudissements de tous ont souligné les dernières paroles de Son Eminence.

Réception des communautés religieuses d'hommes

Chacune des communautés religieuses d'hommes est représentée par quelques-uns de leurs membres : Carmes, Capucins, Dominicains, PP. de la compagnie de Jésus, Lazaristes, Frères des Ecoles chrétiennes, Petits Frères de Marie, Clercs de Saint-Viateur, etc., etc. Le Frère Sylvestre des Frères Mineurs Capucins, gardien du couvent des Brotteaux, se fait leur interprète dans une allocution pleine de sentiments aussi filials que respectueux.

EMINENCE,

Au jour solennel de votre premier jubilé épiscopal, où tout, autour de vous, n'est que joyeuse acclamation, de la part du clergé et du peuple ; qu'applaudissement de la part des SS. Pontifes, martyrs et confesseurs, qui vous ont précédé sur les illustres sièges de Nancy, de Besançon et de Lyon, et dont vous avez continué l'œuvre avec tant de zèle et de sagesse, permettez, Eminence, à nos saints patriarches, Elie, Dominique, Ignace, François d'Assise, Vincent de Paul, J.-B. de la Salle de venir vous féliciter aussi, par la bouche de leurs enfants, et vous remercier de la protection si affectueuse que vous leur accordez en les soutenant dans les difficultés présentes, les consolant dans leurs peines, les bénissant dans leurs travaux et les appelant si cordialement à prêcher dans votre diocèse le nom de J.-C., les promesses qu'il fait entendre et la gloire qu'il assure.

Daigne N.-D. de Fourvière, qui est aussi l'Immaculée Conception, N.-D. du Carmel, N.-D. du Rosaire, N.-D. du Sacré-Cœur, s'unir à nous, sous ses titres les plus doux et les plus puissants, pour vous exprimer notre reconnaissance et notre dévouement et pour réaliser, Eminence, les vœux sincères que nous formons pour vous et qui se formulent dans ce cri : *Ad multos annos.*

Monseigneur répond gracieusement au discours du Révérend Père Sylvestre et remercie les communautés religieuses, ces précieux auxiliaires du Clergé, de l'appui si important qu'elles ne cessent de prêter au ministère pastoral et de la déférence filiale qu'elles témoignent à leur évêque, toutes les fois qu'il fait appel à leur dévouement. « Vous me soutenez, ajoute-t-il ; je vous soutiens : continuons ainsi. Grâce à cet appui mutuel, nous servirons efficacement les saintes causes que nous sommes chargés de défendre. »

Réception des Communautés de femmes

Cette réception a été particulièrement touchante quoiqu'il n'y ait pas eu de compliments. L'attitude filiale, joyeuse et la foi recueillie tenaient lieu de tous les discours.

Chaque religieuse, l'une après l'autre, s'agenouillait avec respect devant Monseigneur. Elle lui disait à voix basse quelques mots que lui seul entendait. Elle recevait une de ces paroles intimes qui pénètrent jusqu'au cœur et qui auront pour toutes un souvenir, une haute signification, un grand charme. On sait avec quelle grâce et quelle doctrine l'éminent Cardinal sait tenir aux religieuses en toute circonstance le langage qui convient le mieux à leur situation et à sa paternelle sollicitude.

Réception des représentants des œuvres catholiques de Lyon

Chacune des œuvres, la *Propagation de la foi* en tête, la société de Saint-Vincent de Paul, les cercles catholiques d'ouvriers, le cercle de la jeunesse catholique, les veilleurs et hospitaliers, les patrons catholiques, le groupe des tisseurs lyonnais, puis, les dames patronnesses et protectrices des œuvres du Calvaire, de la Croix, des ouvroirs, des orphelinats, des sourds et muets, des jeunes aveugles, défilent tour à tour devant Mgr le Cardinal, qui adresse à chacun de leurs représentants un mot de circonstance.

Ces réceptions, qui ont occupé une partie de la journée du 30 mai, ont ménagé de grandes consolations à notre vénéré cardinal, mais elles n'ont pas été sans fatigue. Nous faisions des vœux pour que les traces assez visibles en disparussent pour la journée du lendemain, qui devait nous apporter d'autres émotions.

Journée du Mardi 31 Mai 1892

Le matin, dès sept heures trois quarts, le clergé est sorti processionnellement de l'Archevêché et s'est rendu à la Primatiale, au milieu d'une triple haie de fidèles agenouillés sous la bénédiction de Son Eminence.

Monseigneur avait en main la nouvelle crosse, offerte par le clergé, et était précédé de la nouvelle croix processionnelle. Sur sa poitrine brillait une croix en or, enrichie de diamants et de rubis, offerte, celle-ci, par les anciens élèves du Petit Séminaire de Notre-Dame des Champs à Paris (1).

---

(1) PETIT SÉMINAIRE DE PARIS

NOTRE-DAME DES CHAMPS

Paris, ce 11 Juin 1892.

Association Fraternelle

DES

ANCIENS ÉLÈVES

MONSIEUR ET CHER CAMARADE,

La souscription ouverte, entre nous, à l'occasion des noces d'argent de S. Em. le Cardinal Foulon, nous a permis, grâce à votre généreux concours, de lui offrir une croix pectorale, en témoignage de notre profonde gratitude et de notre filial attachement.

L'église primatiale était ornée de bannières, d'oriflammes, de banderoles, et d'écussons aux armes de Monseigneur, et parée comme aux grands jours des fêtes pontificales. Mais la principale décoration était l'assistance. On y était venu de toutes les parties de la ville et du diocèse, dans le dessein de prier avec Son Eminence et pour elle, et de multiplier les marques de sympathie, de respect et d'affection pour sa personne. Aussi, malgré

Nous avons accompagné l'envoi de cette croix de la lettre suivante :

« Eminence Révérendissime,

« Les anciens maîtres et élèves du Petit Séminaire de Paris n'ont point voulu que le diocèse de Lyon célébrât, sans leur participation, vos noces pontificales.

« Heureux de pouvoir y être représentés par M. le Directeur de Notre-Dame des Champs, ils l'ont prié d'offrir, à leur professeur et supérieur d'autrefois, une croix pectorale, pleins de confiance dans les grâces que, par elle, ils espèrent obtenir en participant ainsi, même de loin, à votre messe solennelle du 31 mai 1892.

« Tous ceux d'entre nous qui ont été prévenus en temps utile et dont Votre Eminence trouvera les noms ci-après se sont fait une joie d'apporter leur humble pierre à ce monument de leur reconnaissant souvenir. Ils sont certains que, placée tout près d'un cœur dont ils savent l'ardente charité, cette croix lui rappellera le besoin qu'ils ont de ses instantes prières et le droit que croient avoir aux meilleures bénédictions de leur père ceux qui ne cesseront jamais de se dire

« De Votre Eminence Révérendissime
« Les fils soumis et respectueux. »

(Suivent les noms de cent vingt souscripteurs.)

Son Eminence m'a chargé, Monsieur et cher camarade, de vous adresser tous ses remerciements et je ne crois pouvoir mieux répondre à son désir, qu'en vous transmettant copie de sa lettre

l'ampleur de la vieille cathédrale, elle fut à peine suffsante pour contenir la foule.

La Maîtrise était dans l'abside. Les élèves du Grand Séminaire, dans les stalles, autour de l'autel. Dans le chœur, du côté de l'Epître, était dressé le trône de Monseigneur. Du côté de l'Evangile, sur une estrade, NN. SS. Gonindard, archevêque de Sébaste, coadjuteur de

---

même, qui concerne, au même titre, chacun de ceux qui ont voulu lui donner ainsi un gage de leur respectueux souvenir :

ARCHEVÊCHÉ DE LYON. *5 Juin 1892.*

« Mon cher ami,

« J'ai reçu la croix pectorale en or, enrichie de diamants et de rubis, que l'association fraternelle des anciens maitres et élèves du Petit Séminaire de Notre-Dame des Champs a eu la gracieuse pensée de m'offrir, à l'occasion du vingt-cinquième anniversaire de ma consécration épiscopale. Ce magnifique souvenir m'est précieux à bien des titres, et surtout parce qu'il affirme l'inaltérable fidélité des sentiments que l'association veut bien me garder. J'en suis on ne peut plus touché et je vous prie de dire à ces Messieurs que je leur en demeure profondément reconnaissant.

« Il y a vingt-cinq ans, il avait déjà plu aux anciens élèves du Petit Séminaire de me donner un témoignage précieux de la joie qu'ils avaient de voir leur ancien maître élevé au grand honneur de l'Episcopat. Leurs sentiments d'alors se retrouvent aujourd'hui avec la même délicatesse. Ils savent que les miens ne sont pas changés. Entre eux et notre chère maison ce sont des liens qui ne se rompront jamais.

« Croyez-moi bien affectueusement à vous.

« † J. Cardinal Foulon, *archevêque de Lyon.* »

Pour copie conforme :

C. Cauchy,

Secrétaire de l'Association des anciens élèves.

Rennes, Dubuis, évêque de Galveston, Dufal, évêque de Delcon.

A la suite de NN. SS. les évêques avaient pris place MM. les chanoines titulaires et honoraires, les dignitaires ecclésiastiques des diocèses de Paris, de Nancy et de Besançon; les chapelains de Saint-Jean et de Fourvière. Dans la nef, à gauche et au premier rang, la famille du cardinal.

A droite, en face de la chaire, les professeurs des Facultés catholiques revêtus de leurs insignes, à la suite de leur recteur, Mgr Carra, figuraient au premier rang. Après eux venaient les Conseils de la Propagation de la Foi, la commission de Fourvière, les comités des Ecoles, des œuvres ouvrières et de jeunesse, les ecclésiastiques en costume de ville et les membres des communautés religieuses d'hommes ; du côté de la chaire, près de la table de communion, les membres de la fabrique de Saint-Jean, les confrères du Saint-Sacrement, les délégations des communautés religieuses de femmes; dans la nef de la Croix et la chapelle de Saint-Vincent de Paul : les dames de l'œuvre de la paroisse ; dans la nef de la Sainte-Vierge : la Providence de Saint-Vincent de Paul, les Enfants de Marie et une foule immense de fidèles où étaient confondus tous les rangs de la société lyonnaise.

A huit heures, Son Eminence monta à l'autel, assistée de MM. les vicaires généraux Belmont et Déchelette, et entourée de toute la pompe des messes pontificales. La piété et le recueillement de l'assistance furent admirables.

La Maîtrise fit entendre les plus magnifiques morceaux de son répertoire. On a remarqué spécialement l'*Ecce Sacerdos* et le *Credo* de Gounod.

Aussitôt après l'Evangile, Mgr Gonindard, coadjuteur

de S. E. le cardinal Place, archevêque de Rennes, monta en chaire. Tout en se défendant de vouloir faire un panégyrique, que n'eût point agréé la modestie du cardinal, le prélat a tenu à s'associer au concert de louanges et de vénération qui s'élève de tout le diocèse autour du primat des Gaules. Il l'a fait avec cette douceur de parole, avec l'élégance de style et de diction, avec l'élévation d'idées qui caractérisent l'éloquence de notre illustre compatriote.

Discours de Mgr Gonindard

EMINENCE,

Il semble que je devrais me borner à vous dire : regardez, écoutez.

Votre regard a des pénétrations profondes ; il sait, sous les dehors brillants, aller au fond des choses, pour en constater la vraie valeur, et apprécier la richesse et la sincérité des sentiments intimes.

Votre âme a des résonnances délicates ; il lui a été donné de se délecter des échos intérieurs du beau et du bien. Dès lors, entendez les accents de ces cœurs qui, par milliers, vous acclament avec une joie filiale, au pied des saints autels.

Mais il faut, et c'est une tâche bien douce pour moi, que j'essaie de traduire tout haut, ce que votre sagacité a déjà pleinement saisi ; car, à certaines heures solennelles, pour l'amour filial, il ne lui suffit pas de sentir qu'il est compris, il faut de plus que son transport éclate au dehors.

Votre pensée, Eminence, personne ne l'ignore, s'élève plus haut que ces témoignages, si délicieux qu'ils soient à savourer. Hier, à la grande édification de tout votre clergé, pendant que celui de vos prêtres qui parlait au nom de tous, faisait, sur le ton de l'action de grâces, la revue de cet épiscopat fécond, dont on fête aujourd'hui le 25e anniversaire, Votre Eminence rappelait aussi le passé, en prononçant des mots que l'humilité seule peut dicter : les termes de ce jugement trop consciencieux allaient jusqu'à la sévérité. Ce matin, vous montez à l'autel du Dieu qui a réjoui votre jeunesse sacerdotale, en disant avec Isaïe : *recogitabo tibi omnes annos meos*, Seigneur, je vais remettre sous votre regard toutes les années de ma vie. Votre examen est la transposition trop modeste du nôtre. Oui, Monseigneur, nous voulons aussi rappeler aux yeux de Dieu ce passé qui s'est écoulé pour lui et sous sa bénédiction.

Dans une lettre dont je reste profondément touché, vous avez bien voulu m'écrire qu'il devait être question plutôt du devoir que de la louange. Nous resterons d'accord ; c'est du devoir *accompli* que nous allons parler. Il n'y a pas lieu d'ailleurs de prendre le ton de l'oraison funèbre, car, grâce à Dieu, vous êtes bien vivant, et en face d'un long avenir. Ce genre de panégyrique est donc loin de nous, et votre vie, déjà si pleine, a des pages nombreuses à y ajouter.

***

Quatre grandes Eglises de France, Messeigneurs et mes Frères, sont aujourd'hui en fête ; Paris, Nancy, Besançon et Lyon. Les trois premières ont les yeux et le cœur tournés vers la quatrième, parce qu'elle a le bonheur de posséder celui qui est l'objet de tant de vœux.

L'Eglise de Paris est en fête ; elle voit justement glorifier, en ce jour, un de ses plus illustres fils. De son côté, l'enfant de Saint-Eustache pénètre par la pensée, à cette heure, dans ce temple grandiose pour lequel il entretient le culte d'un souvenir reconnaissant. C'est qu'en effet, sous ces voûtes majestueuses, se sont accomplis les grands événements de sa vie : le baptême, la première communion, la première messe, et, enfin, la consécration épiscopale. Aussi le primat des Gaules, dans chacun de ses voyages à la capitale, ne manque-t-il jamais de faire le plus pieux des pèlerinages : agenouillé, dans le plus complet incognito, sans personne qui l'accompagne, il aime à rester seul avec le souvenir des grâces du ciel. Ces murailles sacrées ont accueilli son entrée dans la vie, et depuis lors, que de fois elles ont tressailli à l'abord majestueux du petit baptisé devenu prince de l'Eglise!

Mais lorsque Dieu se choisit un élu, de bonne heure il aplanit la route qui le conduit à sa providentielle destinée. Dès son admission, à l'âge de douze ans, au petit séminaire de Saint-Nicolas-du-Chardonnet, votre futur archevêque, mes Frères, montra sur son front d'adolescent la marque des lévites du sanctuaire. Dieu lui apparaissait sur son chemin d'avenir, et il alla joyeusement à lui : *Psallam in viâ immaculatâ: quando venies ad me?* Je me suis interdit, mes Frères, de rien dire sur le ton du panégyrique, mais n'y a-t-il pas une obligation pour moi de saluer les avances et les dons du Seigneur, en un jour où le passé se déroule à ses pieds et sous notre regard?

Or, ce fut un bienfait considérable du ciel, pour le jeune écolier, de rencontrer à Saint-Nicolas celui qu'on a si justement appelé le grand *éveilleur* de la jeunesse, l'immortel évêque d'Orléans. Mgr Dupanloup, avec cette faculté de discernement qui a caractérisé son existence tout entière, distingua bientôt l'élève à qui Dieu préparait de si brillantes destinées. Cet élève devint une de ses œuvres de prédilection. Aussi personne n'est étonné, dans la composition allégorique qu'un grand artiste a conçue, pour ranimer les cendres de son tombeau, de voir, parmi les personnes et les symboles qui rappellent l'action et la vie de l'illustre évêque, figurer au premier rang son disciple favori, le cardinal Foulon.

Après les années de Saint-Sulpice, la Providence, qui poursuivait son plan, fit entrer votre futur archevêque, mes Frères, à l'école des Carmes, au moment même de sa fondation. Cette institution célèbre (je lui dois cette mention de ma reconnaissance) a rendu d'immenses services à l'Eglise de France et surtout à la cause de l'enseignement chrétien. La pensée de son fondateur semble avoir eu, pour y faire face, le pressentiment des difficultés actuelles. Faut-il rappeler que l'abbé Foulon en fut le premier élève et le premier lauréat ? Je préfère élever ma parole plus haut que la personne et les faits eux-mêmes, pour ne montrer au-dessus des succès de la terre que la manifeste protection d'en haut.

Donc, ce que voulait le ciel en sa prévoyance, c'est qu'à une époque où la religion a besoin plus que jamais de défenseurs munis de toutes les ressources de la doctrine théologique, ces mêmes hommes fussent ornés aussi des connaissances philosophiques et littéraires qui constituent le savoir humain. La défense de notre foi impose à l'apologiste moderne le maniement sûr des armes de l'attaque elle-même. L'évêque surtout, qui aujourd'hui n'a plus ordinairement à subir l'assaut violent des hérésies monstrueuses, doit repousser le choc d'erreurs subtiles, qui, affectant une prétendue réserve et, sous la perfidie calculée d'un raisonnement modéré en apparence, ont en réalité pour but d'ébranler et de renverser sans bruit l'édifice de nos croyances.

Mais Dieu est là qui veille : il donne à l'intelligence de ses élus l'intuition du danger auquel il faut parer, l'ampleur de la pensée qui fait justice des stratagèmes mesquins, et les grâces saines d'un style qui, par sa justesse, sa force et sa mesure, a raison des charmes séducteurs d'une plume mensongère.

Mes Frères, je suis compris de vous, ce qui me dispense de toute application.

Cependant la direction du petit séminaire de Saint-Nicolas, devenu par sa translation celui de Notre-Dame des Champs, avait passé successivement des mains de l'évêque d'Orléans, d'abord, en celles du vénérable M. Millault, curé de Saint-Roch, puis, en celles de M. Place, aujourd'hui cardinal archevêque de Rennes. Vous me permettrez, mes Frères, de saluer ce dernier nom avec un respect tout filial, ainsi que l'amitié si délicate et si fidèle qui unit les deux cardinaux de Rennes et de Lyon.

La direction de cette maison ne pouvait être remise à un homme plus habile et plus dévoué que l'abbé Foulon. Il maintint l'héritage qui lui était confié, à la hauteur du passé et de ses nobles traditions. En même temps, le gouvernement de cette société en petit qu'on appelle une maison d'éducation, fut le meilleur apprentissage pour la conduite habile et ferme du grand diocèse que le ciel lui réservait.

Voilà pourquoi, mes Frères, l'Eglise de Paris est en fête aujourd'hui, pourquoi aussi il y a grande joie parmi les hommes d'élite qui, dans le clergé comme dans les plus hautes situations sociales, se félicitent d'avoir eu pour père et pour maître Celui que nous entourons aujourd'hui de nos vœux. Aussi voyez, mes Frères, sur la poitrine de votre archevêque, cette croix étincelante qui scintille de mille feux : présent de l'amour reconnaissant des anciens maîtres et élèves du séminaire de Paris (1), il est placé sur le cœur de celui qui a tant aimé la jeunesse et a su s'en faire aimer si tendrement.

***

C'est une incomparable journée dans une vie humaine, que celle de la consécration d'un pontife. Au fond de son cœur, quand il reçoit les onctions saintes, le sentiment de l'effroi domine-t-il celui de l'action de grâces ? Oui, le plus souvent. Toutefois, ce qui le rassure, c'est que l'appel certain du ciel a retenti à son oreille. Alors, appuyé sur le bras de Dieu, il se surprend à dire après saint Paul : « Je puis tout en celui qui me fortifie, le Christ Jésus. »

D'autre part, comme on le vit à Nancy, en 1867, il y a ordinairement harmonie préétablie entre les aptitudes de l'élu et la tâche qu'il doit remplir, là où il est envoyé.

---

(1) Ce beau travail est dû à un grand artiste de Lyon, M. Laurent, joaillier-orfèvre.

Le cardinal Lavigerie, avec cette puissante activité qui étonne et qu'on admire, même après Mgr Darboy, dont l'administration fut féconde à Nancy, avait mis en œuvre, avec une ardeur inconnue jusque-là, les riches éléments de ce beau diocèse. Après de tels prédécesseurs, Mgr Foulon, le nouvel évêque, trouva le moyen d'être créateur d'œuvres importantes et le sage continuateur de celles qu'on lui légua établies ou en voie de formation. L'*Œuvre des Petits séminaires* est fondée; *Bon Secours* est organisé. Les maisons d'éducation sont pourvues de maîtres distingués, munis des plus méritoires diplômes. Comme conséquence, les succès aux examens d'admission aux grandes écoles de l'Etat, l'entrée honorable dans les différentes carrières sociales, deviennent la récompense des efforts intelligents de l'ancien supérieur de N.-D. des Champs, faisant bénéficier tout un vaste diocèse des ressources de son expérience d'éducateur.

En ce jour de revue aux pieds de Dieu, que le Très-Haut soit remercié et béni des grâces accordées à son élu, pour la culture chrétienne des intelligences et le recrutement de la tribu sacerdotale.

Quinze années sur les vingt-cinq dont nous évoquons aujourd'hui le souvenir jubilaire, ont été dépensés au service de l'Eglise à Nancy. Le panégyriste futur (espérons que sa tâche est retardée pour un long temps encor), rendra compte des résultats de cette administration féconde, dont il a été écrit qu'elle n'eut jamais de difficulté avec personne, sauf avec nos ennemis de 1870.

Evêque et patriote, quelle admirable union, dans un même cœur, des deux plus nobles sentiments qui puissent l'animer! Après vous avoir rappelé, mes frères, comme votre archevêque sait aimer et servir l'Eglise, je suis heureux de m'écrier avec vous : comme il aime aussi la France!

Sur la terre de Lorraine, dont il était un des pasteurs, quel n'a pas été son dévouement pour nos soldats en détresse! combien fière et ferme son attitude en face du vainqueur, invincibles au fond de son âme ses patriotiques espérances!

Entendez ces accents français qui, au jour du couronnement de Notre-Dame de Sion, retentissent du haut de la montagne sainte, jusqu'au territoire que le sort des armes vient d'arracher à la patrie : « Prions pour la France, afin que les cruelles « séparations que lui a imposées la guerre, ne soient pas « sans espoir et que, des sommets de Sion, l'horizon ne soit « pas à jamais borné par une frontière ! »

Un tel langage devait déplaire à Berlin : celui qui l'avait tenu fut poursuivi, et ce n'est pas une mince gloire pour cet épiscopat de 25 années, qu'une condamnation à deux mois de forteresse pour crime d'*espérance patriotique*.

Et voilà pourquoi, mes frères, le jubilé que vous célébrez en ce jour à Lyon, met en allégresse le diocèse de Nancy et le pays lorrain tout entier.

***

L'homme de Dieu ne s'appartient pas à lui-même. En effet, au jour de sa consécration épiscopale, le pontife entend comme autrefois le prophète, cet ordre impérieux du ciel : « *Ad omnia quæ mittam te ibis*, tu iras à tous les pays et à toutes les missions où je t'enverrai. » L'appel divin fut promulgué par la voix du successeur de Pierre, et le suffragant de Besançon dut venir s'asseoir sur le siége métropolitain de cette illustre province.

Ce ne fut en quelque sorte qu'un passage ; mais cinq années ont suffi pour former dans le cœur du père et dans celui du fils, des liens d'inaltérable amour. Si Lyon était susceptible d'ombrage, il pourrait concevoir quelque chose d'un tel sentiment, en voyant l'attachement si profond qui ressort des souvenirs souvent évoqués par son archevêque, des joies goûtées à Besançon. Mais cette fidélité fait le bonheur des uns et des autres : elle montre comment un noble cœur, une fois qu'il s'est donné à bon escient, sait aimer sans se reprendre jamais. D'autre part les nouveaux venus, sans rien enlever des richesses de ce cœur à ceux qui en ont joui avant eux, sentent bien qu'ils le possèdent en entier et pour toujours.

Le clergé bizontin et le peuple franc-comtois, foncièrement attachés à leurs archevêques, mettent au début quelque réserve à le leur témoigner. Le nouveau métropolitain, avec cette finesse d'observation qui le caractérise, se rendit bientôt compte de cet esprit traditionnel qui convenait du reste à sa nature. « Vous êtes, aimait-il à dire à son peuple, attachés à la foi, amoureux de vos franchises, et l'on vous reconnaît pour les descendants d'une race forte, discrète, avisée. » Quand on comprend ainsi ceux qu'on est appelé à gouverner on s'en fait chérir et on leur fait du bien.

Parmi les œuvres importantes entreprises à Besançon, il en est une qui doit être spécialement mentionnée en un jour où le successeur de saint Pothin est fêté à Lyon, je veux dire la construction de la basilique de Saint-Ferjeux. N'est-ce pas en effet de Lyon qu'est parti, pour son œuvre d'évangélisation, le premier évêque de Besançon ? Lorsque donc celui qui est aujourd'hui le successeur de saint Irénée, préparait un temple à la gloire du premier apôtre de Besançon son fils, il est permis de croire que, du haut du ciel, le saint martyr réservait au glorificateur de son tombeau, la garde du berceau de sa foi. C'est un nœud de plus, mes Frères, pour unir deux grandes églises de France, la métropole de Besançon et le siège primatial de Lyon.

La Franche-Comté si catholique unit donc sa joie à la nôtre; elle a ici plusieurs de ceux qui furent vos fils, Eminence, accourus pour associer leurs vœux à ceux de la famille lyonnaise. Me sera-t-il permis, en vous faisant quitter ce siège de Besançon, auquel un lien m'attachait moi-même, depuis le jour où la Provideuce avait daigné faire de moi le plus humble de vos suffragants, sera-t-il permis à l'ancien évêque de Verdun de renouveler, sous ces mêmes voûtes, le cri qui s'échappait de son cœur au jour le plus solennel de sa vie : « *Ad multos annos!* » Vous aviez eu la bonté de venir, au prix de sacrifices dont je resterai toujours reconnaissant, me soutenir de vos prières et de votre précieuse sympathie. Sept années et plus se sont écoulées, et c'est avec la même ardeur respectueuse que j'aime à répéter : « Vivez, vivez des temps nombreux ! »

***

Vous êtes impatients, mes Frères, de me voir arriver à l'installation sur le siège primatial des Gaules, de notre vénéré jubilaire. Mais vous ne me reprocherez pas, j'en ai la certitude, de m'être attardé jusqu'ici : Lyon étant l'aboutissant providentiel de la route parcourue, est, parmi les quatre églises en fête, celle qui résume ces saintes joies, en possédant le père qui les procure.

Il vous en souvient, mes Frères, quel bonheur éclata dans tout notre diocèse, quand il apprit que le ciel nous envoyait un prélat vers lequel tous les regards s'étaient tournés, et que tous les cœurs appelaient comme l'homme de la situation. L'esprit lyonnais, calme et réfléchi, sage et pratique, d'une réserve un peu fière, n'est pas porté aux démonstrations enthousiastes. Il attend avant de se livrer ; mais, cette période d'observation passée, lorsque le diocèse de Lyon sent qu'il est compris et aimé, quand il apprécie le tact, la justesse, et le dévouement dans la manière dont on le gouverne, alors il se rend à discrétion et *capitule* filialement.

Pardonnez-moi, Eminence ce mot tout militaire ; devant prononcer bientôt celui de conquête, il y a corrélation dans les termes. Ce n'est pas qu'il y ait jamais eu, dans la pensée de votre troupeau, une idée de résistance quelconque, ce serait le méconnaître étrangement et faire injure à tout son passé. Mais vous savez mieux que nous, dans votre expérience et votre connaissance de la nature humaine, que, par delà les témoignages sincères de respect et de soumission, il y a au fond de tout cœur un domaine intime, où l'on n'admet pas facilement de maître : c'est de ce coin mystérieux de l'âme que votre intelligente bonté a su forcer l'entrée. Or, Eminence, vous avez fait là une conquête définitive. Puisse la jouissance en demeurer votre plus doux bonheur et notre plus sûr appui ! C'est qu'en effet, plus la tâche est grande, plus les œuvres importantes, plus aussi, en s'y dévouant, on a besoin de se sentir soutenu par les cœurs.

Quelle mission pour une seule houlette, que la conduite d'un million et demi d'âmes ! Quelle dépense de soi-même, pour entretenir la vitalité d'œuvres considérables comme celles qui ont pris naissance sur ce vieux sol lyonnais dont la fécondité semble inépuisable !

Dans ce jour d'actions de grâces au ciel, entendez-vous, Eminence, ce concert de milliers de voix harmonisées, pour remercier Dieu de leur avoir envoyé un tel père ? C'est d'abord la voix d'un immense clergé qui salue en vous le pontife qu'on vénère, le guide qu'on aime à suivre, le père qu'on entoure d'un filial amour. Après les prêtres, ce sont les fidèles que votre parole nourrit de vérité, que vos visites pastorales soutiennent dans leur foi. Parmi eux, les pauvres, les malades, les déshérités, et, s'il y a une voix d'outre-tombe, les mineurs asphyxiés, les soldats morts pour la patrie, en faveur desquels votre cœur a trouvé des accents si émouvants et si patriotiques, qui vous saluent comme un céleste bienfaiteur. Dans vos innombrables communautés, les vierges saintes appuient leurs prières et leurs vœux des plus héroïques immolations. Puis la jeunesse chrétienne, pépinière d'avenir qui remplit vos séminaires et collèges, fait retentir joyeusement ses vivats les plus reconnaissants.

Pourquoi ne poursuivrai-je pas une énumération si douce ? Au loin, et dans l'univers entier, les chrétiens que la *Propagation de la foi* a donnés à l'Eglise, saluent celui qui est le gardien du berceau de cette œuvre incomparable.

Mais je reviens de ces distances lointaines, pour attirer votre regard attendri, Eminence, sur ce corps d'élite rangé tout près de vous, dans la majesté d'un costume personnifiant les mérites personnels qui en ont fait une parure officielle sur leurs épaules, et qui désigne en même temps les services à rendre aux intelligences, sous la sauvegarde de l'Evangile.

Hommes de savoir, ils remercient le ciel d'avoir préposé à leur tête un chancelier qui fut un des leurs, en conquérant comme eux les lauriers des sciences et des lettres, avant que la main de Dieu l'amenât, par des ascensions successives, à devenir leur guide et leur lumière.

Les évêques de France étant tous solidaires, quand il s'agit de la grande cause de l'enseignement chrétien à ses différents degrés, il me sera bien permis de remercier et de saluer avec respect, à côté de leur vénéré recteur, ces professeurs éminents que je n'hésite pas à appeler les bienfaiteurs de la société. En effet, c'est pour elle et pour l'Eglise qu'ils préparent ceux qui seront la classe dirigeante de demain. Que de services rendus déjà par les Facultés catholiques de Lyon, aux foyers chrétiens de France ! Ah ! si le ciel de l'avenir apparaît parfois bien orageux et sombre, c'est d'ici que part le rayon blanc d'espoir, qui rend le courage en présageant le rassérénement.

Enfin, mes frères, ouvrons par la pensée, les portes gigantesques de cette primatiale : la colline gracieuse de Marie nous apparaît. Dans le tressaillement de sa joie, Fourvière a fait entendre ce matin les vibrations puissantes de ses cloches, en faveur du pontife qui leur a donné la voix. Mais le sanctuaire lui-même chante dans la poésie de ses prières, sa reconnaissance et son espoir, « *lapides clamant.* »

Sa reconnaissance, parce que l'infatigable cardinal communique un essor merveilleux à l'activité des travaux. Qui ne sait combien il aime, après s'être agenouillé aux pieds de sa divine mère, à revoir et à apprécier les beautés artistiques dans lesquelles son goût cultivé se délecte ? Il donne aujourd'hui même à la reine de Lyon, l'offrande généreuse que la piété de ses fils lui présentait comme bouquet de fête jubilaire.

Son espoir, parce que viendra le jour, et plaise à Dieu que l'aurore n'en soit pas trop longue à surgir, où, le cœur débordant d'allégresse, le primat des Gaules imprimera au monument le sceau de la mystique beauté et la marque suprême de son honneur, par la consécration de ses prières.

Tels sont, Eminence, les sentiments qui animent tous nos cœurs. Malgré la faiblesse de leur expression, veuillez agréer ce qu'ils contiennent de reconnaissance, d'espoir et d'amour.

Daigne Dieu surtout, dans sa bonté, exaucer nos vœux les plus chers, en accumulant sur votre tête vénérée les années et les mérites : « *Multiplicentur tibi anni vitæ.* » Le vêtement de pourpre dont le souverain pontife a orné vos épaules, n'a pas pour unique signification que celui qui le porte est prêt à verser son sang pour l'Eglise sa mère. Sa couleur écarlate indique aussi qu'un sang généreux et riche circule dans les veines, comme un gage de vie, de sainte activité et de victoire pacifique. « *Mane nobiscum, Domine* ». Restez longtemps au milieu de nous, Monseigneur. Que les noces épiscopales de ce jour soient un renouveau pour vous amener aux noces cardinalices ! Et enfin, quand l'appel de Dieu aura sonné, puissent tous vos enfants former une couronne glorieuse à votre front transfiguré, là-haut, dans ces splendeurs dont la durée n'a plus d'heures et dont le bonheur ne connaît pas de mélange.

Amen.

Au moment de la communion, dans la grande nef, Monseigneur distribua la sainte hostie à un grand nombre de fidèles. Parmi eux, nous avons distingué tous les membres de la famille du Cardinal. Grande a dû être leur émotion si nous en jugeons par celle que nous éprouvions nous-même!

A cet instant, aux autels des basses nefs, plusieurs prêtres furent priés de distribuer aussi la sainte communion, Monseigneur n'aurait pu y suffire tout seul.

Cette communion a été presque générale, non seulement à la Primatiale, mais encore dans un grand nombre de paroisses et de chapelles de communautés, à Lyon, et dans le diocèse.

Monseigneur avait demandé à ses diocésains des

prières. Ils se sont empressés de répondre à l'invitation de leur premier pasteur de la matière la plus propre à toucher son cœur.

A la sainte messe succéda la cérémonie de l'obédience. Monseigneur prit place sur un fauteuil adossé à l'autel. Les ecclésiastique présents dans le chœur vinrent deux à deux s'agenouiller à ses pieds, lui baisant la main et renouvelant la promesse d'obéissance et de respect faite au jour de leur ordination.

Nous ne saurions exprimer l'impression profonde que nous a causée cette cérémonie, et le cachet de grandeur et de simplicité qui l'a distinguée. C'est à ce point que, pendant ce long défilé de prêtres, accompli dans un silence ému et respectueux, un grand nombre des assistants, même ceux qui occupaient les places les plus éloignées, ne purent retenir leurs larmes.

Au reste, nous ne pouvons mieux faire que de reproduire le récit même que S. E. le Cardinal en fait dans sa mémorable lettre circulaire à son clergé : « Mais que nous étions touché, dit-il, lorsque, prosternés à nos pieds, vous renouveliez entre nos mains, dans une chaude et respectueuse étreinte, les promesses de votre sacerdoce ! A la communication qui se fit alors de vous à nous, à l'air ouvert et recueilli, grave et délibéré dont vous avez accompli cette cérémonie, dont vous avez accueilli l'expression de notre joie personnelle, nous pouvions nous dire à nous-même, et nous nous sommes dit en effet : « Quel beau spectacle que cette union des prêtres « avec leur évêque, et qu'il est utile de la donner dans « un temps où toutes les autorités se discutent et où le « respect semble être sorti des habitudes du monde ! »

La bénédiction papale, la publication de l'indulgence

plénière accordée par Léon XIII à l'occasion du jubilé épiscopal du cardinal archevêque de Lyon ont terminé les augustes fonctions de la matinée du 31 mai. Elles avaient duré près de deux heures et demie.

Le retour à l'Archevêché se fit avec le même ordre que le départ. Son Eminence était entourée de NN. SS. les évêques, de son clergé et des Facultés catholiques, tous réunis dans la grande salle de l'Archevêché connue sous le nom de *salle des Pas Perdus*. On écouta avec une attention profonde l'allocution suivante de M. Belmont, vicaire général :

Eminence,

Vos prêtres qui viennent d'unir leurs actions de grâces et leurs supplications aux vôtres, tandis que vous offriez à Dieu le saint sacrifice, sentent vivement la puissance des liens que Dieu a créés entre vous et eux. Dieu vous a fait leur pasteur ; c'est sur votre parole, c'est sous votre direction qu'ils cultivent la part que vous assignez à chacun de la vigne du père de famille ; Dieu vous a fait leur père ; car en vous ils reconnaissent et adorent la puissance surnaturelle de la consécration épiscopale en vertu de laquelle, chaque année, vous ajoutez à leurs rangs de nouveaux prêtres. De leur côté, ils se sentent pressés d'être pour vous des fils de plus en plus fidèles ; à mesure que Dieu ajoute des années à votre fécond et glorieux pontificat, que d'une part vos œuvres se multiplient, que d'autre part s'accroissent les souffrances de cette Eglise dont vous êtes une des colonnes, vos prêtres tiennent à honneur de se serrer davantage autour de vous. Ils vous disent par ma bouche, Eminence, qu'ils remercient Dieu des grandes choses qu'il a faites en vous et par vous pendant ces vingt-cinq ans ; car, même dans la partie de ce temps que vous avez passée ailleurs que parmi nous, vous nous apparteniez déjà dans les desseins de Dieu qui, à Nancy, à Besançon, préparait en vous un digne successeur de saint Pothin et de saint Irénée ; et quand vous êtes monté sur leur siège, vous y êtes apparu grandi de tout le prestige dont vos œuvres et vos paroles avaient entouré votre nom, de toute l'expérience que vingt ans de travaux apostoliques avaient ajoutée à votre sagesse. Aujourd'hui vos prêtres saluent, le cœur plein de joie et de confiance, les grandes choses que Dieu attend encore de vous ; tout leur désir est de vous les faciliter par leur docilité, d'en diminuer pour vous le poids par leur respectueux et affectueux dévouement, d'en voir la suite se développer dans une longue série d'années, comme un poème triomphal chanté autour de vous, à la gloire de Dieu, par tous les cœurs de votre Eglise. Ils l'espèrent, et la raison de leur confiance, c'est la protection séculaire de Notre-Dame de Fourvière sur l'Eglise de Lyon ; c'est le droit personnel que vous y avez acquis par votre zèle pour la gloire de cette auguste Souveraine, par votre empressement à reconnaître dans son intercession le gage assuré de toute bénédiction ; de tels présages ne trompent point.

Et maintenant, Eminence, laissez-nous déposer entre vos mains une modeste offrande de la piété de vos enfants envers cette puissante et bien-aimée patronne ; daignez en faire à son sanctuaire votre don de joyeux avènement pour cette nouvelle phase de votre pontificat, afin que, bénie de Marie comme l'a été la première, elle compte de nombreuses années heureuses et fécondes, précieuses devant Dieu et devant les hommes. Ainsi seront comblés les vœux que nous formons en ce jour.

Son Eminence le cardinal exprima alors à M. Belmont et au clergé présent dans la salle, la reconnaissance qu'il éprouvait de sa délicate pensée pour le sanctuaire de Fourvière, ajoutant que rien ne pouvait lui être plus agréable que la mission de transmettre directement à la sainte Vierge patronne et protectrice de Lyon, en même temps que ses vœux personnels, l'offrande précieuse, —

dix mille francs, — qu'il avait plu à ses prêtres de faire passer par ses mains.

Le Banquet

La fête n'aurait pas été complète si, selon les bonnes traditions, elle n'avait pas été suivie d'agapes fraternelles. C'est dans le grand salon des *Œuvres*, celui qui donne sur la terrasse longeant le quai de l'Archevêché, que Monseigneur a offert à plus de cent invités un repas d'où la cordialité n'a pas été absente. Les fleurs non plus ne manquaient pas; il y en avait une élégante profusion ce détail ajoutait à la magnifique ordonnance du festin, un agrément de plus. Le cardinal ne pouvait assez exprimer ses regrets que la dimension pourtant très vaste de cette galerie, transformée pour la circonstance en salle de banquet, ne lui eût pas permis d'admettre tous ceux qu'il aurait voulu voir réunis autour de sa personne.

Au centre de la vaste et unique table disposée en forme de fer à cheval, s'assirent à droite et à gauche du cardinal, NN. SS. les évêques qui ont honoré la fête de leur présence, puis MM. les vicaires généraux, les membres de la famille de Monseigneur, M. le recteur des Facultés catholiques, les représentants ecclésiastiques des diocèses de Paris, Nancy et Besançon, les membres de la commission du jubilé épiscopal, le vénérable chapitre de la Primatiale, MM. les doyens des Facultés catholiques, les présidents des principales œuvres de Lyon et du diocèse, les supérieurs des ordres religieux, les curés de la ville et les chanoines honoraires du diocèse, les supérieurs des grands et petits séminaires et des maisons d'éducation diocésaines, la famille épiscopale, plusieurs des aumôniers de la ville honorés de la mosette canoniale, une députation des chapelains de la cathédrale, le maître de chapelle et les membres de la fabrique de Saint-Jean.

En vrai père, en vrai prince, Monseigneur présidait la table immense. Après le *benedicite* solennel et les premiers échanges de leurs impressions mutuelles, les convives eurent à se rappeler que l'homme ne vit pas seulement de pain, et qu'un repas de cérémonie, tout magnifique qu'il soit, reste incomplet lorsqu'il n'est pas souligné par des discours.

Mgr Gonindard se leva le premier pour porter un toast que l'on attendait avec impatience. Il s'en acquitta avec beaucoup d'aisance, d'esprit et de bonne grâce.

EMINENCE,

Qu'il me soit permis, au nom de nos vénérés collègues dans l'épiscopat ici présents, j'ose même ajouter au nom de tout le clergé de Lyon auquel je me fais gloire d'appartenir, de lever respectueusement mon verre pour boire à votre précieuse santé.

Ce matin, dans votre église primatiale, vous avez vu avec attendrissement tous les cœurs de vos enfants s'unir dans la plus ardente et la plus filiale prière : Dieu daignera exaucer de telles supplications.

Maintenant, à cette table où vous nous avez conviés en si grand nombre, nos vœux peuvent modifier leurs accents, pour saluer les vingt-cinq années de votre épiscopat.

Vingt-cinq ans, Eminence, en vérité c'est trop peu pour réaliser toutes vos ambitions et toutes vos espérances.

Vos ambitions, Monseigneur, contrairement à tant d'autres, sont de celles qui s'avouent hautement, car elles honorent celui qui les a conçues et les entretient par la dépense méritoire de lui-même : le bien n'en demeure-t-il pas toujours l'unique objectif? Oui, il faut au siège primatial des Gaules un pontife qui, héritier de toutes les gloires du passé, en porte avec dignité sur lui le reflet éclatant ; il faut aussi que cet élu de Dieu, en face des nécessités présentes, ait le don de provoquer et de mettre en activité les ressources d'une grande Eglise inépuisable en dévouement et en générosité. La Providence nous a envoyé cet homme, donc il doit vivre puissamment et longtemps.

Nos espérances sont corrélatives à vos nobles ambitions : Monseigneur, vous nous avez compris et vous nous aimez. Il n'est pas nécessaire, pour justifier notre espoir, d'énumérer les éléments sur lesquels il reste fondé. Votre œil, si rempli de justes et fines observations, a tout aperçu : vous savez ce qui convient à la vitalité de vos œuvres; ayant saisi leur fonctionnement, vous les poussez à leur perfection. Rien n'a échappé à votre sagacité de notre esprit traditionnel; aussi est-ce avec un tact exquis que vous maniez le ressort qui fait mouvoir tout cœur lyonnais. Voilà, Monseigneur, ce qui anime à l'heure présente les espérances de tout votre diocèse.

Une seconde fois, vous devez vivre, Eminence, pour réaliser cette universelle attente.

D'ailleurs, laissez-moi remarquer que les origines exceptionnellement illustres du siège que vous occupez, sont là pour appuyer nos vœux les plus chers.

En effet, vous remontez par une chaîne ininterrompue de glorieux évêques — je voudrais que le temps me permît de saluer quelques-uns de ses plus brillants anneaux — jusqu'au disciple bien-aimé. Fils de saint Irénée, de saint Pothin, de saint Polycarpe, par eux vous aboutissez directement à saint Jean. Cet apôtre privilégié, arrivé le plus jeune à Jésus, n'a-t-il pas survécu longtemps à tous les autres apôtres du Christ ? Ceux-ci, en constatant la prédilection de leur divin Maître, en tiraient une conclusion dont tout le monde sera heureux avec moi de renouveler ici l'application : « *Discipulus ille non moritur*, ce disciple-là ne doit pas mourir. » — Hélas ! ne pas mourir, ce n'est pas de la terre. Aussi le

Sauveur ne promit-il pas à saint Jean ce genre d'immortalité terrestre. Mais il répondit pourtant avec netteté : « *Sic eum volo manere*, je veux qu'il reste ainsi.... »

Nous supplions Celui qui tient toute existence humaine en sa main, de prononcer la même parole sur le successeur de saint Jean : « *Sic eum volo manere.* »

Ad multos annos !

Pour répondre au gracieux souhait de Mgr Gonindard, Son Eminence trouva sur ses lèvres une de ces répliques aimables, fines et délicates qui lui sont familières.

S'adressant d'abord à l'éloquent orateur : « Monseigneur, lui dit-il, vous avez bien voulu me louer en dépit de vos promesses de ne pas le faire ; maintenant, vous voulez m'accabler ; en vérité, c'est trop. Je reçois pourtant vos félicitations comme un encouragement à les mériter. Quant à vos souhaits de longue vie, si Dieu juge bon de m'accorder encore quelques années, non pas sans doute en si grand nombre que celles que votre amitié le désire, — je serais embarrassé d'un tel présent et il est probable, Messieurs, que vous le seriez autant et plus que moi ; — si Dieu, dis-je, veut m'accorder des années, je ne suis pas en droit de les refuser, non plus que de me soustraire au travail qui est la conséquence d'une pareille grâce : *non recuso laborem*. Je ne voudrais point d'honneurs qui ne seraient pas un fardeau, et j'aurais peur d'une existence prolongée, si elle devait être inutile à l'Eglise et à mon diocèse. »

Après les paroles de Monseigneur, accueillies par les vifs applaudissements de l'auditoire, la maîtrise entra dans la salle du festin, pour exécuter une cantate de circonstance. L'auteur est M. l'abbé Cizel, curé de Navenne-lès-Vesoul, membre correspondant de l'Académie de Besançon. Sa muse l'a inspiré d'une manière fort heureuse ; tout le monde s'est accordé à le reconnaître.

Les chœurs furent chantés avant et après les strophes du récitatif. Celles-ci furent débitées par des enfants qui, au mérite de savoir bien chanter, joignent celui de savoir bien dire.

Autant d'églises illustrées par Mgr Foulon, autant de strophes, où l'on exprime la part de gloire de chacune dans la gloire de notre éminent Cardinal. La composition de la musique, l'accompagnement, le chant, ont été sans aucune imperfection. Nous reproduisons ici ce charmant morceau.

A S. ÉM. LE CARDINAL FOULON

Archevêque de Lyon et de Vienne, Primat des Gaules.

CHŒUR

Dans les transports d'une vive allégresse,
Fêtons les souvenirs qu'éveille un si grand jour.
Ils sont trois fois chers à notre tendresse ;
Ils sont trois fois dignes de notre amour.

Il s'est, ô Pontife, écoulé cinq lustres (1)
Depuis l'heure sainte où des mains illustres (2)

---

(1) 1er mai 1867.
(2) Mgr Lavigerie.

Ont fait du prêtre insigne un insigne prélat.
Et vos Eglises réunies
Chantent ce matin, de leurs voix bénies,
L'*Hosanna* glorieux de votre apostolat!

La première strophe est celle de Saint-Eustache, l'église des prémices de la vie chrétienne, sacerdotale et pontificale du cardinal Foulon.

SAINT-EUSTACHE

Basiliques et cathédrales,
Je veux à vos voix magistrales
Mêler mes modestes accents,
Et que mon humble sympathie,
Ait sa partie
Dans vos concerts retentissants.

J'ai sur son front d'enfant, versé l'eau du baptême (1);
Je lui fis du Seigneur aimer les douces lois.
Son cœur apprit de moi combien Jésus nous aime,
Car je l'ouvris à Dieu pour la première fois (2).
J'invoquai l'Esprit-Saint qui féconda son âme (3);
A peine eus-je le temps de parer un autel...
Prêtre, il y monte (4); évêque, on l'y sacre, et j'acclame (5)
Le prêtre et l'évêque immortel.

La seconde strophe est celle de Notre-Dame des Champs, la maison où Monseigneur Foulon fut professeur, puis directeur et supérieur de 1847 à 1867.

---

(1) Baptême à Saint-Eustache, 1er mai 1823.
(2) Première communion à Saint-Eustache.
(3, 4, 5) Confirmation, première messe et sacre à Saint-Eustache.

NOTRE-DAME DES CHAMPS

Moi, je chanterai la gloire du prêtre,
Si vaillant de cœur, si riche d'esprit,
Qui fut si longtemps mon plus savant maître,
Soit qu'il ait parlé, soit qu'il ait écrit.
On accourt en foule au pied de sa chaire;
Et sa voix, aux voix des grands siècles d'or
Mêle l'Evangile, et — doublement chère —
Quand elle s'est tue, on l'écoute encor.

La troisième strophe est celle de Nancy, qui eut le bonheur de recueillir les premiers fruits du dévouement épiscopal de notre archevêque, et d'être témoin de la générosité de son patriotisme.

NANCY

Evêque, il m'apporta les prémices d'un zèle
Dont la calme sagesse harmonisait l'ardeur,
Et, trop connus de tous pour que je les révèle,
Ses bienfaits ont en nombre égalé la splendeur.
Et puisque la jeunesse est l'unique espérance
Qui reste à la patrie en ces jours douloureux,
Il ménagea des cœurs purs et forts à la France
En fondant des abris pour eux.

Oui, je lui dois mes grands collèges (1),
Vastes ruches cachant tout un peuple d'essaims,
Loin des yeux et loin des mains sacrilèges;
Je lui dois mes vaillants et je lui dois mes saints.

(1) Externats de la Malgrange, de Saint-Léopold, etc.

Ah ! c'est qu'il aime avec des tendresses ardentes
Notre pays, au front encore ensanglanté,
Et qu'il ne connaît pas ces craintes trop prudentes,
Qui font qu'on perd la force avec la liberté.

En l'an rouge et maudit qu'on nomme l'an terrible,
N'a-t-il pas su bien haut revendiquer nos droits (1)?
Les barbares en vain ont pris son cœur pour cible (2),
Le fer s'est brisé dans leurs doigts.
Oui, sur mon siège il était digne
De succéder au fier apôtre, au saint martyr (3),
Car Dieu l'a marqué d'un céleste signe.
Il pourrait vaincre ! Il saurait mieux mourir.

Après Nancy, Besançon, après l'évêché-frontière, l'archevêché-frontière, afin que Mgr Foulon apparût toujours sur la terre de France comme le soldat de la patrie, en même temps que le soldat de Dieu.

BESANÇON

Le ciel me l'envoya pour étancher les larmes
Que je versais à flots sur un tombeau béni (4).
Sa tendresse eut bientôt dissipé mes alarmes ;
Il paraît, je le vois... et mon deuil est fini.
De ses grands devanciers il accepte la tâche ;
Qu'importent bourse vide et trésors épuisés ?
L'intrépide prélat travaille sans relâche
Et mes vœux sont réalisés !

(1) Mandement à l'occasion du couronnement de Notre-Dame de Sion, 26 juillet 1873.
(2) Poursuites et condamnation de la part des Allemands.
(3) Mgr Lavigerie et Mgr Darboy.
(4) Mgr Paulinier.

O mes martyrs! O mes apôtres!
Ses efforts patients méritent vos faveurs.
Voyez quels autels vont être les vôtres (1).
Ne les devez-vous pas à ses féconds labeurs?

Ici, sous mille aspects, il dispensa la grâce,
Pour l'esprit, pour le cœur, qu'il veut grands tous les deux.
Si le siècle est savant, il faut qu'on le dépasse;
Il faut, s'il se corrompt, le rendre vertueux.
Et, phares de science et foyers de lumière,
Mes écoles au loin jettent de fiers défis...
Et malgré le uhlan qui garde la frontière,
L'Alsace m'amène ses fils (2).

Oui, le Rhin pleure avec la Saône.
Et la Saône et le Rhin pleurent avec le Doubs,
Tant ils sont jaloux du bonheur du Rhône,
Depuis qu'il leur a pris le Père le plus doux!

C'est enfin Lyon, l'Église primatiale des Gaules, la cité qui jouit des fruits d'une sagesse accrue successivement par les travaux et par l'expérience du passé.

LYON

La louange languit auprès des grands services,
Et je ne dirai pas les vôtres, ô prélat;
Plus riches que tous ceux qu'annonçaient vos prémices,
De la pourpre elle-même ils rehaussent l'éclat.
Rome sait ce que vaut le saint Primat des Gaules;
Elle sait quels combats vous avez combattus,
Et son manteau d'honneur qui pare vos épaules
Est un hommage à vos vertus.

---

(1) Basilique des Saints Ferréol et Ferjeux.
(2) Collège libre de Lachapelle-sous-Rougemont.

Vous triomphez par la science,
Et vous les allumez par milliers, les flambeaux (1).
Mais votre arme aimée est la patience (2) !
Plus elle est longue et plus les succès en sont beaux.

Lyon brilla jadis comme un soleil ; il brille,
Soleil plus radieux, d'un feu plus vif encor.
Des astres les plus purs son ciel béni scintille ;
Fourvière est éclatant comme un autre Thabor (3).
Sur ses sommets sacrés redoublent les miracles,
Depuis que vous avez, en un marbre immortel,
Pour que la Vierge y rende à jamais ses oracles,
Restauré son antique autel.

Marie aux cieux vous dresse un trône
Pour celui que vos mains lui dressent ici-bas... ;
Mais longtemps encore, aux rives du Rhône,
Qu'elle garde vos jours et retienne vos pas !

O prélat, vivez ! la bataille
De Dieu contre l'ange infernal
Veut des lutteurs de votre taille.
Triomphez, ô grand cardinal !
Le triomphe, mais c'est le *Verbe* (4)
Qui jaillit, toujours plus superbe,
Sur vos lèvres, de votre cœur.
Le triomphe... mais c'est le *Livre* (5)
Répandant le *vrai* qui délivre.
En avant ! vous serez vainqueur (6).

---

(1) Facultés catholiques de Lyon.
(2) *In multâ patientiâ*, devise de Son Eminence.
(3) Nouvelle basilique récemment élevée à Fourvière.
(4) Allocutions et mandements.
(5) Vies de Mgr Darboy, de Mgr Postel, etc., etc.
(6) *Veritas liberabit vos.* (*Joann.*, VIII, 32.)

Le soir de notre siècle est sombre;
Pour ne pas nous perdre en son ombre,
De grâce, ne nous quittez pas.
Chacun le veut, chacun l'espère,
Vivez, vivez longtemps, ô Père,
Pour servir de guide à nos pas.
Vivat! Vivat! Vivat!

Après ce chant dont on applaudit vivement les ingénieuses paroles ainsi que la musique, œuvre du très distingué maître de chapelle de la primatiale, M. Trillat, le vénérable et vénéré M. Brac de la Perrière, doyen de la faculté catholique de droit, président de la commission des écoles primaires catholiques, qui dépense sa vie laborieuse et vaillante au service des bonnes œuvres, a prononcé une allocution où il a mis la gravité d'un magistrat, la vibrante émotion d'un orateur, avec les chaudes convictions d'un chrétien.

Eminence,

Il peut paraître bien téméraire de ma part de prendre la parole après tout ce qui vient d'être si bien dit et si bien chanté; mais j'ai obtenu l'insigne honneur de porter en ce jour votre santé et je ne me décide pas à y renoncer.

Parmi les grands et nombreux services que vous rendez depuis cinq ans aux fidèles du diocèse de Lyon, il en est un qui excite d'une manière toute particulière leur gratitude : vous vous montrez le maître, le guide et l'exemple de leur charité.

La charité sacerdotale, la première de toutes, parce qu'elle est la source de toutes les autres, a-t-elle un plus zélé propagateur, un meilleur conseil et un plus sûr appui ?

La charité des ordres religieux et des communautés religieuses, cette charité si puissante par la prière, la pénitence et l'apostolat, trouve en vous un défenseur persévérant.

Ces deux bras de notre sainte Eglise, le clergé séculier et le clergé régulier, unis sous votre direction, oublient volontiers les calomnies dont ils sont l'objet et continuent à faire le bien.

La charité de l'enseignement, que vous avez si bien exercée, n'a pas de meilleur guide et, permettez-moi de le dire, de meilleur ami.

La charité de toutes les œuvres catholiques du diocèse, ces œuvres qu'il est aussi difficile de compter qu'impossible de ne pas admirer, ressentent les heureux effets de votre direction et de votre concours; votre dévouement pour elles, va jusqu'à la prodigalité; si bien que, tandis qu'il en est qui conspirent contre la charité catholique sous toutes ses formes, vous, Eminence, vous leur donnez l'aliment divin qui fait leur vie, et vous y ajoutez l'appui épiscopal qui soutient et qui rassure.

La charité chrétienne est le grand besoin des temps que nous traversons; je n'hésite pas à croire qu'elle est l'invincible puissance qui garantit l'avenir.

Il faut de la charité envers ceux qui souffrent persécution pour la justice, afin de les secourir, de les consoler et de les fortifier.

Il faut de la charité envers ceux qui persécutent, afin d'avoir pour eux plus de commisération que de réprobation, et d'aller à leur égard jusqu'au pardon.

Il faut de la charité pour conserver l'espérance, car l'amour de Dieu et du prochain soutient tout et triomphe de tout.

Il y a dans le monde, depuis les premiers temps, deux principes : le principe de vie et le principe de mort. Le principe de vie est celui que nous possédons et qui nous assure, malgré les plus rudes épreuves, le triomphe de la vérité et de la justice; quant à l'autre, véritable instrument de ruine et de châtiment, ne l'oublions pas, ses victoires sont éphémères et sa défaite sera éternelle.

Pardonnez-moi, Eminence, si, en parlant de la charité que vous enseignez, que vous encouragez et dont vous donnez l'exemple, je me laisse entraîner bien loin; mais je me hâte de revenir à mon rôle, trop grand déjà, et saisissant ce vin généreux jugé digne de figurer dans les plus augustes cérémonies, j'aime à penser que, subissant la souveraine influence de nos esprits et de nos cœurs, lui aussi sera pour quelque chose dans la réalisation des vœux de longévité, de puissance et de santé que nous formons pour notre archevêque, pour notre cardinal, pour celui que nos esprits vénèrent, que nos cœurs aiment, que nos volontés seront toujours prêtes à servir.

L'éloquent M. Charles Jacquier, avocat, membre du conseil de l'ordre, couronne la série des toasts avec cet esprit, ce cœur, cet élan, ce feu, cet entrain qui assurent tant de succès à tous ses discours. Qu'ils soient improvisés ou préparés à l'avance, tous coulent également de source, et l'on ne saurait ici assigner une supériorité ou indiquer une préférence pour l'une ou l'autre manière de l'illustre avocat.

Éminence,

On rapporte qu'il y a vingt-cinq ans, le siège épiscopal de Nancy étant vacant, le souverain, avant de signer le décret qui allait y pourvoir, interrogea l'illustre prélat qui s'était permis de lui présenter son successeur, et lui demanda s'il pouvait répondre de son intelligence et de sa vertu. — J'en réponds, reprit sans hésiter l'évêque, qui se connaissait en hommes.

Si la modestie n'eût arrêté la vérité sur ses lèvres, il aurait pu ajouter qu'il en répondait comme d'un autre lui-même. En effet, un quart de siècle ne s'était pas écoulé, que tous deux, illustrés de la pourpre romaine, prenaient place au sein du collège apostolique et y apportaient, avec l'éclat de leurs inoubliables services, celui non moins précieux de leurs hautes vertus.

Aux sourires qui accueillent ce souvenir, je vois que chacun ici a deviné les noms, avant que mes lèvres les aient prononcés. L'un, vous l'avez dit déjà, c'était celui que le monde entier salue de son admiration comme le *grand Cardinal*, et dont l'illustre amitié ne cesse d'accompagner votre vie. — Le second, Eminence, je le dis avec joie, c'est vous : vous que nos cloches joyeuses saluaient à l'aube, vous que la voix toujours heureusement inspirée de Mgr de Sébaste louait si délicatement ce matin dans la chaire de notre vieille basilique ; vous que la respectueuse affection de votre clergé et de vos fidèles, ne faisant qu'un dans l'amour, accompagnait à flots pressés sous les voûtes rajeunies de l'antique primatiale ; vous qui, tout vibrant encore des harmonies sacrées, tout embaumé de l'encens du sanctuaire et du parfum des fleurs qui de toutes parts naissent aujourd'hui sous vos pas, nous ouvrez si gracieusement à cette heure, avec les portes hospitalières de votre palais, celles plus larges encore de votre cœur.

Vous louer, Eminence, serait de ma part, et après tout ce qui a été dit avant moi, une témérité et un pléonasme. Aussi bien, vos œuvres sont là pour témoigner que si, sur la fin de ce siècle, le génie de saint Irénée a rencontré un héritier digne de lui, notre glorieux père dans la foi, qui par saint Polycarpe et saint Jean touchait de si près à la sainte Vierge, trouve aussi dans votre filiale piété envers la Reine de notre cité la continuation de ses plus douces et plus chères affections.

Du moins, puisque l'éloge doit se taire sur mes lèvres, et que cependant une délicate attention m'impose l'honneur de me lever à cette heure, à mon tour, Eminence, il me sera permis de déposer à vos pieds la respectueuse expression d'une reconnaissance et d'un dévouement dont ce pieux anniversaire multiplie autour de nous la touchante explosion.

Le dévouement! Votre vie nous le prêche plus haut encore que votre voix. Dernièrement ne vous joigniez-vous pas à vos collègues vénérés pous nous en enseigner, dans les difficultés de l'heure actuelle, les devoirs présents et les formes nouvelles? Laissez-moi vous dire que tous ici, jeunes et vieux, couronnés de cheveux blancs ou novices de la vie, nous nous courbons sous votre main bénie, et que, dociles et courageux, vous nous trouverez toujours prêts à combattre pour le Christ et pour la France.

J'ai dit qu'au dévouement nous ajoutions une inviolable reconnaissance. Oui, reconnaissance d'abord pour ces vingt-cinq années données si généreusement au gouvernement des âmes, à la défense de la justice, hélas! si souvent méconnue; aux enseignements de la vérité, dussent-ils dans leur noble hardiesse aller troubler l'ivresse des plus orgueilleux triomphes. Ah! elle était lourde à votre main tout à l'heure cette crosse symbolique que surchargeaient nos prières et nos vœux. Jamais elle ne fut plus pesante qu'aux jours troublés que nous traversons, au soir de ce siècle dont on se demande avec angoisse si le déclin sera une crépuscule ou une aurore.

Merci, Eminence, de la porter pour nous d'une manière si vaillante. C'est ainsi que, si j'en crois les miniatures de nos vieux missels ou les fresques de nos antiques cathédrales, nos premiers évêques allaient au-devant des rois barbares, et les subjuguaient par la majesté de leur attitude, non moins que par le rayonnement de leur sainteté.

Merci aussi, Eminence, pour votre exquise bonté et votre inépuisable bienveillance. J'en ai trop souvent ressenti la délicatesse pour en parler à l'aise. Au surplus, pourquoi en parler? Chacun ici la connaît et la bénit. Ah! jamais il ne fut plus vrai de comparer la crosse de l'évêque à la houlette du pasteur et de dire qu'un diocèse, c'est une famille élargie dont le chef est le père.

Et puisque je parle de famille, que celle qui vous fait aujourd'hui cortège et vous touche par les liens du sang me permette de nous unir à sa joie et de lui dire qu'avec elle, famille de la grâce et famille de la nature, nous n'avons qu'un cœur pour aimer, qu'une voix pour louer.

Daignent maintenant les anges de cette illustre Eglise dont les brillantes oriflammes ornaient ce matin le sanctuaire, entourer à cette heure Votre Eminence, porter pour elle au ciel nos prières et nos vœux ! Que sous leurs ailes bénies vous viviez encore de longs jours ! Que sur votre pourpre vénérée la Vierge de Fourvière étende son virginal manteau ! Que le patriarche, votre protecteur, vous conduise dans ce nouvel exode, que de nouveaux Hérodes nous préparent ! Enfin que, plus heureux que Moïse, après nous avoir montré comme on sert l'Eglise et la Patrie, il vous soit donné d'en saluer le triomphe.

L'Eglise et la Patrie ! Vous ne les avez jamais, Eminence, séparées ni dans votre cœur ni dans votre vie. On voudrait l'oublier — ce dont Dieu nous garde — de ce côté de la frontière, que de l'autre on s'en souviendra longtemps. Nous nous inspirerons de vos chrétiens et apostoliques exemples.

Et puisque dans quatre ans sur le baptistère de Reims nous devons aller renouveler, entre les mains d'un des plus illustres princes de l'Eglise, les promesses de notre baptême national, fasse Dieu que nous nous y trouvions avec vous ; et que tous ensemble nous puissions, dans l'alleluia d'une joie sans mélange, saluer l'Eglise redevenue libre dans la France redevenue française ! *Ad multos annos !*

Cette chaleureuse improvisation a été accueillie avec enthousiasme comme l'avait été le discours de M. Brac de la Perrière. Les sentiments vibrent tous en harmonie : *Ad multos annos !* ce fut le cri universel.

Monseigneur se lève alors, quitte son siège pour s'approcher des deux orateurs ; il les félicite vivement, les remercie avec effusion, leur serre chaleureusement les mains, et aux applaudissements unanimes porte leur santé, celle de leur famille, avec du vin français, le vin de Champagne, avec une âme toute frémissante encore des émotions excitées par ces deux gloires du barreau lyonnais.

Te Deum d'action de grâces et salut final

Dieu, qui est la fin de tout, devait couronner ces fêtes. Le soir, à quatre heures, la cathédrale se remplit de nouveau, pour un *Te Deum* d'action de grâces et pour un salut solennel. L'église était entièrement éclairée et l'autel étincelait de lumières. La maîtrise exécuta ses chants les plus remarquables. Notre Seigneur, dans les mains de notre vénéré cardinal, bénit avec lui et par lui les prêtres et les fidèles agenouillés.

C'est ainsi que se terminèrent les fêtes du Jubilé épiscopal. Elles ont été dignes de Lyon, dignes de Son Eminence. La cathédrale verra d'autres solennités ; en verra-t-elle qui les égalent en magnificence ? (1).

Les solennités du jubilé séculaire de Saint-Jean en 1886 peuvent seules lui être comparées.

Monseigneur ne s'est point contenté de remercier de vive voix tous ceux qui avaient pris une part aux fêtes jubilaires. Il a adressé au clergé une lettre circulaire,

---

(1) A l'occasion de son jubilé épiscopal, et sans faire mention des nombreuses lettres et télégrammes envoyés au cardinal, S. E. a reçu les félicitations d'une grande partie de l'Episcopat français s'associant à celles dont le Souverain Pontife avait lui-même accompagné de vive voix la concession de l'indulgence plénière sollicitée pour la circonstance.

que nous reproduisons plus bas. Dans cette page éloquente, à force d'être simple, chacun est loué avec un à-propos mesuré, avec un tact délicat, privilège des esprits habitués comme le sien à saisir les nuances les plus fines des sentiments et des intentions, et à les exprimer dans une langue où la précision et la netteté du style le disputent à la sincérité de l'émotion.

Le compte rendu que nous avons essayé de faire des solennités du jubilé épiscopal, ne peut mieux se conclure que par l'épilogue composé à cette occasion par un savant professeur des Facultés catholiques de Lyon, M. l'abbé Gonnet, qui enseignait les humanités au Petit Séminaire de Paris, du temps que notre vénéré cardinal était supérieur de cette maison.

Son affection respectueuse pour Mgr Foulon a tenu à se traduire par des acclamations du genre de celles qui étaient autrefois usitées dans l'Eglise, et dont la tradition s'est conservée pour marquer la fin de la célébration des conciles, des synodes et des cérémonies importantes accomplies par les membres de l'épiscopat ou en leur présence.

EMINENTISSIMO AC REVERENDISSIMO CARDINALI FOULON ARCHIEPISCOPO LUGDUNENSI ET VIENNENSI, GALLIARUM PRIMATI, QUINTUM ET VICESIMUM AB INITO EPISCOPATU ANNUM PERAGENTI :

QUI PARISIIS DUM MINORIS SEMINARII TUTELAM GERERET, DOCTRINA IN DOCENDO, SUMMA ARTE IN LITTERAS PROMOVENDO, SAPIENTIA IN ANIMOS FLECTENDO EXCELLUIT ;

QUI POSTEA NANCEIENSI DIŒCESI PRÆPOSITUS, IBI BONARUM ARTIUM INSTIMULATOR ET CONCITATOR, STUDIIS DECUS ADDIDIT ET SPLENDOREM, ET INSUPER PATRIÆ AMORE INSIGNIS, DESÆVIENTE HORRENDI BELLI ÆSTU, SE IMPAVIDUM CORAM INFENSISSIMIS HOSTIBUS GALLIÆ PRÆBUIT PROPUGNATOREM ;

QUI POSTEA VESONTIONIS ECCLESIÆ ARCHIPRÆSUL NIHILQUE MINUS AB ILLUSTRIBUS PRÆCLARÆ HUJUS ECCLESIÆ EPISCOPIS factus, sanctorum Ferreoli et Ferrucionis templum quod Eminentissimus Cardinalis Mathieu ob arcendos ab urbe hostes ædificandum voverat, a fundamentis erexit et prope ad summum, Deo adjuvante, in partem perduxit, præclarum pietatis et fidei testimonium ;

Qui nunc Lugdunensis Ecclesiæ et Galliarum Primas institutus prudentiam singularem inter imminentia Ecclesiæ pericula, firmitatem et constantiam non modicam in illius sacris juribus tuendis et asserendis exhibet, forma factus gregis ex animo, non dominans in Clero, sed in multa patientia et charitate dilectus hominibus et Deo, inclytam Lugdunensem Ecclesiam jam ab annis quinque feliciter et pie, gubernat atque utinam ad plures annos !

Dilecto in Christo Patri ac Domino, in fide doctori, in præliis duci, multi anni, multæ gratiæ, universi Cleri pietas et populi Christiani veneratio ;

Utinam det illi Deus quidquid in animo posuit boni consilii et tempus et vires perficiendi.

Item beatissima Virgo, Lugduni decus et præsidium, cujus magnificentissimam ædem in præclaro Forverii colle ditare, amplificare et exornare omni ope, opera, studio et arte enititur ;

Itemque nostri Apostoli ac Martyres Pothinus, Irenæus et illorum passionis Socii illum perpetuo patrocinio defendant, tueantur et sospitent !

Amen, amen ! Fiat, fiat !...

LETTRE CIRCULAIRE

DE

S. E. LE CARDINAL FOULON

Archevêque de Lyon et de Vienne, Primat des Gaules

A L'OCCASION

DE LA CÉLÉBRATION DES FÊTES DE SON JUBILÉ ÉPISCOPAL

Lyon, le 5 juin 1892, en la fête de la Pentecôte.

Messieurs et chers Coopérateurs,

Le vingt-cinquième anniversaire de notre consécration épiscopale, et la manière dont il vous a plu de le célébrer, nous ont laissé un souvenir qui ne s'effacera jamais de notre cœur. Vous avez donné un grand exemple d'attachement respectueux et filial à votre évêque. Nous n'avions jamais douté de vos sentiments pour nous, mais vous les avez affirmés à cette occasion par des actes éclatants qui ont été d'une haute édification pour nos diocésains présents à ces fêtes et une véritable consolation pour nous.

Vous le saviez, Messieurs, nous avions exprimé le désir que notre anniversaire jubilaire se passât sans éclat. Les épreuves douloureuses que traverse l'Eglise et les tristesses de l'Episcopat semblaient vous inviter à vous abstenir des apprêts et de la pompe d'une fête. Nous entendions cependant retentir à nos oreilles cette parole du divin Maître : « Celui à qui il a été beaucoup donné, on lui demandera beaucoup, et de celui auquel on a confié beaucoup, on exigera encore davantage. *Omnis cui multum datum est, multum quæretur ab eo, et cui commendaverunt multum, plus petent ab eo* (1). Nos méditations sur cette austère parole ne s'accordaient pas avec les honneurs que vous nous prépariez.

Une considération d'une autre nature nous occupait aussi. Des vingt-cinq ans de notre épiscopat, nous en avons passé seulement cinq avec vous, et, de ce côté, nous ne méritions pas d'avoir chez vous les honneurs du jubilé épiscopal. Ces cinq années, il est vrai, ont établi de vous à nous des relations dans lesquelles vous vous êtes montrés dignes de la bonne renommée de vos Pères dans la foi. Quoique nous ne connaissions pas encore par les traits de leur visage, et même, par leurs noms, tous les prêtres de ce vaste diocèse, celui de la France qui en compte le plus, il leur a plu de concevoir de nous et de notre administration des idées qui nous donnent la mesure de leur excellent esprit. Suffisamment renseignés sur notre compte, ils ont été, dans leurs jugements respectueux sur nous, bien au delà de la réalité de nos mérites et de nos services, et l'élan filial

---

(1) Luc, XII, 48.

avec lequel ils ont répondu à l'appel de nos vicaires généraux nous a rempli d'une reconnaissance émue.

Nous venons de vous dire les motifs qui nous engageaient à rester dans le silence ; vous avez jugé qu'il convenait d'en sortir, et comme si nous avions passé auprès de vous le quart de siècle entier de notre épiscopat, vous avez tenu à fêter vingt-cinq années dont nous ne vous avons donné que la moindre partie.

Mais quels remerciements affectueux ne devons-nous pas, en dépit de notre confusion, à MM. les vicaires généraux qui ont pris cette gracieuse initiative et dirigé les principaux détails de la fête avec autant d'intelligence que de discrétion, donnant à cette occasion un nouveau et manifeste témoignage d'une délicatesse de sentiments dont ils n'avaient plus à faire la preuve ! Ils se sont entourés des principaux curés et archiprêtres du diocèse et de pieux laïques qui, étant à Lyon à la tête de toutes les œuvres, ont répondu avec une touchante spontanéité à l'appel qui leur a été fait de s'associer à celle-ci. C'est leur initiative qui a désigné le souvenir précieux qu'il vous a paru convenable d'offrir à votre archevêque, cette croix processionnelle et cette crosse, véritables chefs-d'œuvre de l'art consommé de notre éminent artiste lyonnais (1), et qui seront un des plus magnifiques ornements du trésor de notre Primatiale.

Vous avez fait mieux encore, et, à la discrète invitation qui vous a été adressée de faire profiter le sanctuaire de Fourvière de la fête de votre évêque, vous avez répondu en remettant entre ses mains et en lui donnant la joie de la déposer aux pieds de la sainte Vierge, une

(1) MM. Armand-Calliat et fils.

offrande généreuse destinée à hâter l'achèvement de l'incomparable sanctuaire et à avancer la date de sa consécration.

Plus de dix mille francs nous ont été ainsi confiés, et à l'élan filial qui continue à se manifester, rien ne nous dit que cette somme ne sera pas bientôt doublée. Cette forme de libéralité convenait à votre piété, et elle nous a mis à l'aise au sujet d'autres projets que vous aviez formés pour honorer notre personne et que nous étions fermement résolu à décliner.

Que dire maintenant de ce que vous avez fait pour augmenter la solennité extérieure de la fête ? Vous avez tenu à y assister en grand nombre de toutes les parties du diocèse, le vénérable Chapitre à votre tête, en plus grand nombre même que vous ne vous étiez jamais trouvés réunis dans notre église primatiale ; et cela, sans calculer avec la distance, les fatigues du voyage, l'âge et les infirmités. Paris, Nancy et Besançon, ces trois étapes de notre vie pastorale, se sont associés à vous par leurs délégués chargés de nous apporter leur fidèle et toujours précieux souvenir. Ils sont aussi venus, rivalisant entre eux et avec nos prêtres d'empressement filial, ces zélés religieux, auxiliaires de notre ministère pastoral, ces religieuses appliquées aux œuvres, si nombreuses à Lyon, qui demandent l'esprit de sacrifice, d'abnégation totale, de complet désintéressement, et qui, avec les Frères de nos écoles, travaillent à conserver à Dieu et au pays, par l'enseignement et l'éducation chrétienne, les âmes si chères à Dieu et que tant d'influences hostiles cherchent à lui disputer.

Vous aviez votre place à côté d'eux, dignes représentants des bonnes œuvres et des saintes initiatives de Lyon, doyens et professeurs de nos facultés catholiques, tous réunis sous la conduite de votre dévoué Recteur ; pieux laïques que nous trouvons toujours au premier rang, lorsqu'il s'agit de donner l'exemple de la foi pratique et de l'intrépidité chrétienne.

Nous ne saurions oublier non plus l'empressement de nos fidèles diocésains qui, dans toutes les circonstances, à toutes les heures, presque à chaque instant de cette journée mémorable, se sont pressés autour de nous, s'associant hautement, et avec une joie dont leur visage portait le témoignage, aux honneurs qu'on nous rendait. De cette foule immense s'élevaient des vœux et des prières que Dieu aura certainement exaucés, pour notre diocèse et pour nous.

Mais que de pensées, que de sentiments délicats nous ont été exprimés, et combien nous regrettons que la fatigue de notre voix et l'insuffisance de notre organe ne nous aient pas permis de répondre aussi complètement que nous l'eussions désiré, à ces effusions si sincères d'un respect si visiblement affectueux !

Du moins, chacun de ces accents a eu son retentissement au fond de notre cœur ; et si nous avons été impuissant à dire tout ce que nous ressentions, nous avons prié Dieu de se charger de notre reconnaissance en répandant abondamment sur vous, les grâces qu'il a coutume d'accorder à ceux qui l'honorent dans la personne des Pontifes préposés par lui au gouvernement de la sainte Eglise.

La fête du 31 mai nous réservait d'autres émotions. Mais l'éloquent et si sympathique discours de Mgr l'Archevêque de Sébaste aura été pour nous la cause d'une réelle confusion. Nous nous sommes permis d'en faire l'aveu au vénéré Prélat, tout en lui exprimant notre profonde reconnaissance de la bonne grâce avec laquelle il a répondu à l'appel qui lui a été adressé. Il nous avait promis de ne pas insister sur l'éloge. Son amitié pour nous a été plus forte que sa promesse ; mais l'ingénieuse délicatesse de sa belle parole ne nous a pas empêché, en l'écoutant, de nous souvenir du mot de nos saints Livres : « Ne louez aucun homme pendant sa vie », *Ante mortem ne laudes hominem quemquam* (1), de peur que plus tard ses œuvres ne viennent à contredire vos louanges.

C'est avec les mêmes appréhensions que nous entendions, dans une autre enceinte, d'autres paroles où d'éminents orateurs aimés de toutes les œuvres catholiques auxquelles ils prodiguent, sans compter, leur éloquence, leur activité, leur intelligence et leur zèle, daignaient faire à notre initiative une trop large part dans les œuvres diocésaines et oubliaient celle qui leur appartient si légitimement (2).

Tout est permis aux poètes, et nous aurions mauvaise grâce de nous plaindre que le talent distingué d'un de nos anciens diocésains de Besançon (3) ait entrepris de nous louer en vers. Il nous a donné du même coup l'occasion de féliciter nos chers enfants du Petit Séminaire de Saint-Jean d'avoir interprété d'une façon remarquable, la musique dont un art distingué s'est plu à orner cette poésie.

Mais c'est surtout à l'église que ces chers enfants ont donné la complète mesure des résultats obtenus par la

---

(1) Eccli., XI, 30.
(2) MM. Brac de la Perrière et Jacquier.
(3) M. l'abbé Cizel, ancien professeur de rhétorique, curé de Navenne-lès-Vesoul.

savante direction des maîtres qui les forment à la pratique musicale, les guident dans l'exécution et soutiennent leurs voix en y mêlant la leur.

Tous ces efforts, Messieurs et chers Coopérateurs, cette éloquence, cette harmonie auront marqué d'un sceau de haute distinction, en même temps que de simplicité, de gravité et de cordialité respectueuse, les honneurs que vous avez bien voulu nous prodiguer. Cette impression, vous l'avez tous ressentie et vous l'avez hautement exprimée; laissez-nous vous dire que nous l'avons éprouvée avec vous.

Vos hommages d'ailleurs se rapportaient avant tout à la sainte hiérarchie de l'Eglise catholique. Vous veniez la glorifier en la personne de son premier représentant parmi vous. Que dis-je ? Ces hommages allaient à Dieu lui-même, source de toute autorité, et c'est répondre aux desseins de votre foi que de les rapporter à lui seul et dans toute leur étendue.

Mais que nous étions touché lorsque, prosternés à nos pieds, vous renouveliez entre notre nos mains, dans une chaude et respectueuse étreinte, les promesses de votre sacerdoce! A la communication qui se faisait alors de vous à nous, à l'air ouvert et recueilli, grave et délibéré dont vous accomplissiez cette cérémonie, dont vous accueilliez l'expression de notre joie personnelle, nous pouvions nous dire et nous nous sommes dit en effet: Quel beau spectacle que cette union des prêtres avec leur Evêque, et qu'il est utile à donner dans un temps où le respect semble être sorti des habitudes du monde !

Quelle leçon aussi pour nous !

Saint Augustin, adressant un discours à son peuple à l'occasion d'un des anniversaires de sa consécration épiscopale, lui disait : « Je suis à la fois consolé et effrayé d'être votre évêque. *Me terret quod vobis sum, me consolatur quod vobiscum sum* » (1).

Telle est aussi notre impression au sortir de la fête de notre jubilé épiscopal ; mais la consolation domine ici la crainte. Au souvenir de cette inoubliable solennité, nous nous sentons moins disposé à conclure avec le saint docteur : Priez pour que vous ne pesiez jamais à notre autorité : *Orate ut non sitis graves.* Priez plutôt, Messieurs et chers Coopérateurs, pour que Dieu vous tienne compte de votre docilité filiale qui allège si notablement le poids de nos sollicitudes.

« Mes Frères, disait saint Paul aux Philippiens, je ne pense pas avoir atteint le but de ma vocation », *Fratres, me non arbitror comprehendisse* (2). Que d'omissions, en effet, dans l'accomplissement des devoirs de notre charge épiscopale, devoirs qui se compliquent aujourd'hui de la complication même des événements contemporains, de la situation présente de l'Eglise, de la multiplicité tous les jours plus effrayante des erreurs et des vices, des périls qui menacent la foi et la pureté des âmes, des desseins pervers qui attentent audacieusement à toutes les saintes choses que nous avons le droit de protéger et l'obligation de défendre !

Non, non, nous sommes loin d'avoir atteint le but de notre vocation : *Fratres, me non arbitror comprehendisse ;* mais, oubliant ce qui est derrière nous : *Quæ quidem retro sunt obliviscens*, oubliant ce passé qu'il ne nous est pas possible de faire revivre, ce passé composé de nos

(1) S. Augustin. Serm. 340, *in die ordin. suæ.*
(2) Phil., III, 13.

regrets et de nos souvenirs, de nos erreurs et de nos fautes, avançons résolument vers l'avenir : *ad priora extendens meipsum*, vers cet avenir tout incertain et troublé que nous le prévoyions et vers lequel la haute sagesse du Père commun des Pasteurs et des Fidèles nous guide si sûrement par ses enseignements et ses conseils, par ses exhortations et par sa suprême vigilance. Ayons les mêmes sentiments, dit encore l'Apôtre, et persévérons à suivre une même direction : *Idem sapiamus et in eâdem permaneamus regulâ*, et qu'il n'y ait point de divisions parmi nous, *et non sint in nobis schismata.*

Telle est, Messieurs et chers Coopérateurs, la conduite que l'état présent de l'Eglise impose à ceux qui veulent la servir utilement, tels sont les devoirs dont les évêques doivent être particulièrement pénétrés et auxquels nous nous efforcerons d'être fidèles.

Quant à vous, Frères bien-aimés, j'emprunte encore les paroles de saint Paul : *Itaque, fratres mei carissimi*, Frères qui êtes l'objet de toutes nos sollicitudes : *Fratres desideratissimi;* Frères qui êtes notre gloire et notre couronne : *Gaudium et corona mea*, demeurez dans cette fermeté de foi et cette union de sentiments avec votre Evêque : *Sic state in Domino, carissimi* (1). Et de même que vous avez témoigné de l'union de vos cœurs par l'unanimité avec laquelle vous nous avez montré votre attachement, tenez en tout le reste la même attitude et puissiez-vous être toujours convaincus que la condition des victoires que nous devons espérer dans les luttes de ces jours difficiles est, avec l'union dans une même foi, la docilité à suivre les enseignements et les hautes di-

(1) Phil., IV, 1.

rections que Notre Saint Père le Pape nous trace dans sa suprême sagesse, directions si bien accommodées aux nécessités des temps présents, et au caractère de la mission de l'Eglise dans le monde, laquelle doit subordonner à la plus grande gloire de Dieu et au salut des âmes, sa conduite au milieu des mobiles événements d'ici-bas.

Recevez, Messieurs et chers Coopérateurs, l'assurance de notre affectueux dévouement.

JOSEPH, Cardinal FOULON,

Archevêque de Lyon.

Imprimerie EMMANUEL VITTE, rue Condé, 30, Lyon.